Jean-Jacques Rousseau

Vom Gesellschaftsvertrag

Sonja Asal, Autorin der Einleitung, ist wissenschaftliche Mitarbeiterin am Institut für Politikwissenschaft der Martin-Luther-Universität Halle-Wittenberg. Promoviert wurde sie mit einer Arbeit zur zeitgenössischen Auseinandersetzung um Rousseaus Begriff der Zivilreligion. In ihrem aktuellen Projekt beschäftigt sie sich mit Theorien zum Verhältnis von Staat und Gesellschaft in der Spätphase der Französischen Revolution.

Vincent von Wroblewsky, Übersetzer des *Contrat Social*, lebt in Berlin und Frankreich. Herausgeber und Übersetzer der Werke Sartres im Rowohlt Verlag, Mitbegründer der deutschen Sartre Gesellschaft, zahlreiche Veröffentlichungen und Übersetzungen: u. a. *Jean-Paul Sartre – Entwürfe für eine Moralphilosophie*, deutsch und mit einem Nachwort, Rowohlt Verlag, Reinbek bei Hamburg, 2005, 1000 S. 2022 erschien *ad Jean-Paul Sartre – Zur Freiheit verurteilt* in der Europäischen Verlagsanstalt.

Jean-Jacques Rousseau

Vom Gesellschaftsvertrag oder Prinzipien des Staatsrechts

Mit einer Einleitung von Sonja Asal

Aus dem Französischen von Vincent von Wroblewsky

Europäische Verlagsanstalt

Bibliografische Information der Deutschen Nationalbibliothek
Die Deutsche Nationalbibliothek verzeichnet diese Publikation in der Deutschen Nationalbibliografie; detaillierte bibliografische Daten sind im Internet über http://dnb.d-nb.de abrufbar.

Umschlaggestaltung und Satz: Christian Wöhrl, Hoisdorf,
Signet: Dorothee Wallner nach Caspar Neher »Europa« (1945)

Printed in Germany
ISBN 978-3-86393-147-6
Auch als E-Book erhältlich, ISBN 978-3-86393-642-6

Informationen zu unserem Verlagsprogramm finden Sie im Internet unter www.europaeischeverlagsanstalt.de

Inhalt

Drittes Buch

Viertes Buch

Sonja Asal

EINLEITUNG

Wohl kein Buch der politischen Ideengeschichte löste eine ähnlich kontroverse Rezeption aus wie Jean-Jacques Rousseaus (1712–1778) *Vom Gesellschaftsvertrag oder Prinzipien des Staatsrechts* (Du Contrat social ou Principes du droit politique). Schon zu seinen Lebzeiten wurde es entweder gefeiert oder bekämpft. Die Französische Revolution machte aus Rousseau die Ikone der Republik und überführte 1794 seinen Sarg mit großem Pomp ins Pantheon. Der Streit darüber, ob Rousseaus Schrift ein Fanal für Freiheit, Gleichheit und Selbstbestimmung ist oder mit seinem Schlagwort vom Gemeinwillen nicht vielmehr zur Ablehnung von politischer Repräsentation und der Entstehung von identitären Einheitsfantasien beitrug, trägt sich bis in die Gegenwart fort. Das ist ein erstaunlicher Befund für einen schmalen Band, den Rousseau selbst eine „kleine Abhandlung" nannte. Tatsächlich handelt es sich, verglichen mit den großen Entwürfen der modernen politischen Ideengeschichte wie Thomas Hobbes' gewaltigem *Leviathan* oder Montesqieus magistralem Werk *Vom Geist der Gesetze,* um einen recht kurzen Text. Folgt man Rousseaus Darstellung, so ist er allerdings nur der Kern eines weitaus umfangreicher geplanten großen Werks. Ob dessen Aneignung weniger widerspruchsvoll verlaufen wäre, wenn Rousseau ihn weiter ausgearbeitet hätte, darf der historischen Spekulation überlassen bleiben. Ein Blick in dessen Entstehungsgeschichte zeigt, dass es sich wie bei allen großen Werken um einen Moment in einem Denkprozess handelt, an den sich auf die unterschiedlichsten Weisen anknüpfen lässt.

I. Entstehungsgeschichte

Jean-Jacques Rousseaus Abhandlung *Vom Gesellschaftsvertrag* ist wahrscheinlich das berühmteste und wirkmächtigste Fragment in der Geschichte der politischen Ideen.[1] Der Autor selbst wies in der knappen Vorbemerkung, die er der Erstveröffentlichung im Jahr 1762 voranstellte, auf den partiellen Charakter seiner Arbeit hin: „Diese kleine Abhandlung ist einem größeren Werk entnommen, das ich einst begonnen hatte, ohne meine Kräfte zu ermessen, und inzwischen längst aufgegeben habe." (29) Alles, was er sonst dazu geschrieben habe, sei bereits vernichtet.

Was hatte es mit diesem „größeren Werk" auf sich? Im Rückblick seiner Lebenserinnerungen, der *Bekenntnisse,* berichtet Rousseau von einem nie ausgeführten Vorhaben: „Von den verschiedenen Werken, an denen ich arbeitete, war das, mit dem sich meine Gedanken seit langem am meisten beschäftigten, das, an dem ich die meiste Freude hatte, an dem ich mein ganzes Leben arbeiten wollte und das, nach meiner Überzeugung, meinen Ruf besiegeln sollte, meine ‚Politischen Einrichtungen'." (B 399)

Tatsächlich hatte der *Gesellschaftsvertrag* eine längere Vorgeschichte, die sich aus Rousseaus eigenen Angaben ziemlich präzise rekonstruieren lässt. Die erste Idee dazu, so berichtet er in den *Bekenntnissen*, habe er in seiner Zeit als Sekretär des französischen Botschafters in Venedig gefasst, wo er ein knappes Jahr, von September 1743 bis August 1744, zubrachte. Als er dort die Fehler der so sehr gepriesenen Regierung beobachtete, sei er zu dem Schluss gelangt, dass letztlich alles von der Politik abhänge und dass kein Volk besser werden könne als das, zu dem seine Regierung es mache. Daher lasse sich die große Frage nach der besten Regierung schließlich auf eine einzige zurückführen: „Welche Regierungsform ist dazu geeignet, das tugendhafteste, aufgeklärteste, weiseste, verständigste, kurz das beste Volk im weitesten Sinne des Wortes zu bilden?" (B 399)

1 So schon 1915 die Einschätzung des englischen Rousseau-Herausgebers Charles Edwyn Vaughan: „In any case, it is fair to remember that, in the Contrat social, we have no more than a fragment of the treatise, as originally conceived by the author" (Vaughan I: 438 sowie ebenfalls Bd. II:1).

Von dieser vagen Idee bis zu ihrer ersten Formulierung war es ein weiter Weg. Rousseaus Darstellung, dass er das politische System Venedigs nicht ohne theoretisches Interesse beobachtete, ist allerdings durchaus plausibel. Denn zu dieser Zeit war der Anfangsdreißiger, der außer seinen ausschweifenden Lektüren über keine formale Bildung verfügte, bereits mit dem intellektuellen Umfeld der im Entstehen begriffenen französischen Aufklärung in Berührung gekommen. 1740 hatte er in Lyon eine Stelle als Hauslehrer bei Jean Bonnot de Mably angetreten, dem Leiter der dortigen Militärpolizei, und lernte dort dessen jüngere Brüder kennen, die später als Aufklärungsphilosophen zu Renommee gelangten Gabriel Bonnot de Mably (1709–1785) und Étienne Bonnot de Condillac (1714–1780). Ersterer war wie Rousseau ein großer Bewunderer der antiken Stadtstaaten und hatte zu diesem Zeitpunkt gerade sein erstes Buch, *Parallèle des Romains et des François par rapport au gouvernement,* abgeschlossen, eine vergleichende politische Geschichte des Römischen Reichs und Frankreichs. Condillac wiederum war ein begeisterter Leser John Lockes, in dessen Nachfolge er eine sensualistische Metaphysik entwickelte. Sein erstes großes Werk, der *Essai sur l'origine des connaissances humaines,* erschien 1746, und der Kontakt zu seinem Verleger war auch durch Vermittlung Rousseaus zustande gekommen.

Schon nach einem Jahr gab Rousseau die ungeliebte Anstellung als Hauslehrer wieder auf und zog im Herbst 1741 nach Paris, wie viele junge Männer dieser Zeit in der Hoffnung, mit seinen Talenten zu Geld und Bekanntheit zu kommen. In der Tasche hatte er nicht viel mehr als seine Komödie *Narziss* und einige Empfehlungsschreiben. In den folgenden Jahren versuchte er mit mäßigem Erfolg sein Glück als Komponist, während er seinen Lebensunterhalt als Notenkopist oder Sekretär bestritt.

Von den Bekanntschaften, die er in Paris schloss, sollten die mit den Philosophen Denis Diderot (1713–1784) und Jean le Rond d'Alembert (1717–1783) wegweisend werden. 1747 übernahmen die beiden gemeinsam die Herausgabe der geplanten *Enzyklopädie* und boten Rousseau an, den Themenbereich Musik zu bearbeiten. Innerhalb von drei Monaten verfasste Rousseau annähernd vierhundert Artikel, von Akkolade (geschweifte Klammer zur Zusammenfassung mehrere Notenzeilen) bis Za (die um einen Halbton erniedrigte Note Si der französischen Tonleiter) – später sollte als einziger weiterer Artikel der umfangreiche Beitrag zur „Politischen Ökonomie“ (Économie ou Œconomie, [Morale/Politique]) hinzukommen.

Das Lexikon-Unternehmen geriet allerdings in Gefahr, als Diderot aufgrund der materialistischen Positionen, die er in seinem *Brief über die Blinden zum Gebrauch für die Sehenden* (1749) vertreten hatte, verhaftet und im Staatsgefängnis im Schloss Vincennes eingesperrt wurde. Für Rousseau sollte diese Episode zur entscheidenden Wende seines Lebens werden. Als er eines Tages auf dem Weg zu einem Besuch Diderots nach Vincennes unterwegs war, las er seiner eigenen berühmt gewordenen Schilderung zufolge im *Mercure de France* die Ankündigung einer Preisfrage der Akademie von Dijon: ob die Wiederherstellung der Wissenschaften und Künste zur Läuterung der Sitten beigetragen habe. Für Rousseau wurde die Beantwortung dieser Frage zu einem intellektuellen Initiationserlebnis. In einem Brief vom Januar 1762 berichtet er rückblickend Chrétien-Guillaume de Lamoignon de Malesherbes (1721–1794), dem für die Erteilung der Druckerlaubnis zuständigen Leiter der Zensurbehörde, wie er in der Hitze der Landstraße die entscheidende Eingebung hatte – und wie wenig er in seinen Publikationen seither davon habe darstellen können: „Ach, mein Herr, wenn ich jemals den vierten Teil alles dessen, was ich unter diesem Baume gesehen und empfunden habe, hätte niederschreiben können, mit welcher Deutlichkeit hätte ich alle Widersprüche des gesellschaftlichen Systems gezeigt, mit welcher Kraft hätte ich alle Mißbräuche unserer Einrichtungen dargestellt, mit welcher Einfachheit hätte ich gezeigt, daß der Mensch von Natur gut ist, und daß es lediglich von ihren Einrichtungen herrührt, wenn die Menschen böse werden. Alles, was ich von dieser großen Menge Wahrheiten behalten habe, die mich eine Viertelstunde unter diesem Baum erleuchteten, ist sehr schwach in meinen Hauptschriften verstreut erschienen, nämlich in jener ersten Abhandlung, in der über die Ungleichheit und dem Traktat von der Erziehung, welche drei Schriften unzertrennlich sind und zusammen ein einziges Ganzes bilden. Alles übrige ist verloren gegangen“ (S1 483).

Oft ist die Bildsprache der Inspiration, auf die Rousseau an dieser Stelle zurückgreift, als Beleg für eine übertriebene Selbststilisierung gelesen worden. Doch sicher handelt es sich nicht allein um Rhetorik. Vielmehr lässt sich darin ein deutlicher Hinweis auf jenes „große Werk" erkennen, von dem er sich erhoffte, dass es seinen „Ruf besiegeln" sollte. Denn die Wortwahl legt nahe, dass es sich dabei um sein Großprojekt der „Politischen Einrichtungen" (Institutions politiques) handelte: Zweimal kommt der Ausdruck „Einrichtung" in dem kurzen Briefausschnitt vor. Und tatsächlich geht es im *Gesellschaftsvertrag*, der in einem Entwurf den Arbeitstitel „Über die bürgerliche Gesellschaft" (De la société civile)[2] trug, um „die Widersprüche des gesellschaftlichen Systems". Zudem gibt der Brief einen Hinweis darauf, dass zum Zeitpunkt seiner Abfassung lediglich die beiden *Diskurse* und der *Emile* bereits veröffentlicht waren. Den *Gesellschaftsvertrag* bereitete Rousseau während dieser Zeit für den Druck vor, was Anlass genug war, das abgeschlossene Manuskript mit dem „großen Werk" zu vergleichen, das Rousseau ursprünglich angestrebt oder zumindest imaginiert hatte.

Vor allem sollte man sich von Rousseaus Darstellung nicht dazu verleiten lassen, seine Philosophie als das Resultat einer Intuition zu verstehen. Denn Rousseau mag zwar eine sehr lückenhafte akademische Bildung besessen haben, doch sein Denken und sein Schreiben speisten sich aus einer umfassenden Belesenheit. Rousseau schildert sich selbst als Leser, der mal Bücher regelrecht verschlang, mal bedächtig studierte und memorierte. Schon als Sechsjähriger will er den antiken Historiker Plutarch gelesen (und ihn mit acht auswendig gekannt) haben, als junger Mann eignete er sich die großen Autoren der frühneuzeitlichen Philosophie wie Blaise Pascal (1623–1662), Nicolas Malebranche (1638–1715) und Gottfried Wilhelm Leibniz (1646–1716) an. Seine eigenen Überlegungen zur Politik schließlich konnten aus einer intensiven Kenntnis sowohl der antiken Tradition wie auch der neueren politischen Theorie schöpfen.

Nicht zuletzt war er intensiv mit den zeitgenössischen Diskussionen vertraut. Denn seit 1745 fungierte er als Sekretär bei der

2 MdG 31.

Familie des Steuerpächters Claude Dupin. Im Wesentlichen arbeitete er der Hausherrin zu, Louise Dupin (1706–1799), für die er Bücher exzerpierte und Reinschriften erstellte. Madame Dupin ist bis heute vor allem bekannt für ihren glanzvollen Salon, doch verfolgte sie auch eigene schriftstellerische Pläne. In den 1740er Jahren arbeitete sie an einem umfangreichen Werk über die Gleichheit von Männern und Frauen, dessen Manuskript zwar mehrere hundert Seiten Umfang annahm, das sie jedoch nie publizierte. Als 1748 Montesquieus (1689–1755) *Vom Geist der Gesetze* (De l'esprit des lois) erschien, gehörten die Dupins zu seinen ersten Lesern. Während Madame Dupin ihr Augenmerk auf seine Beschreibung der Rolle der Frauen richtete, trat ihr Mann zur Verteidigung der Steuerpächter an. Montesquieu hatte in seinem Buch den seiner Ansicht nach übermäßigen Reichtum der Steuerpächter angegriffen und unterstellt, dass das System der Steuerpacht zum Ruin der Monarchie beitrage. Dupin entwarf, vermutlich unter anderem in Zusammenarbeit mit dem Jesuiten Guillaume François Berthier, während jener Jahre Herausgeber des einflussreichen *Journal de Trévoux*, eine Gegenschrift gegen Montesquieus Thesen. Mit großer Sicherheit wirkte Rousseau daran nicht inhaltlich mit, doch war er mit redaktionellen Tätigkeiten wie der Überprüfung der Zitate aus dem *Geist der Gesetze* beauftragt. Man kann sich also vorstellen, dass das Buch im Haus der Dupin für lebhafte Diskussionen sorgte und Rousseau es gleich nach seinem Erscheinen gründlich gelesen hatte. Manche Interpreten schließen aus der zeitlichen Koinzidenz dieser Lektüre mit dem Beginn von Rousseaus Karriere als politischer Schriftsteller, dass Montesquieu für den *Gesellschaftsvertag* sowohl Modell wie auch Rivale war.[3] Auch wenn man so weit nicht gehen mag: Zu dem Zeitpunkt, als Rousseau die Preisfrage im *Mercure de France* las, dürften ihn Fragen nach dem Wesen und den Prinzipien der politischen Ordnung intensiv beschäftigt haben.

Rousseaus wiederholten Erwähnungen in den *Bekenntnissen* lässt sich entnehmen, wie die Überlegungen, die schließlich im *Gesellschaftsvertrag* mündeten, seit Anfang der 1750er Jahre über

3 So Bruno Bernardi, Introduction in MdG, S. 14, FN 3; die Gegenposition hierzu: Dérathé, JJR et la science politique de son temps, S. 53.

lange Zeit reiften und in unterschiedlichen Formen und Varianten ausgearbeitet wurden. Bei seinem Aufenthalt in Genf im Jahr 1754 durchdachte er während seiner Spaziergänge am Ufer des Genfer Sees „den schon entworfenen Plan [s]einer ‚Politischen Einrichtungen'" (B 389). Danach erwähnt der das Vorhaben wieder, als er von der Umsiedlung in ein kleines Haus in Montmorency berichtet, das ihm von seiner Gönnerin Louise d'Épinay (1726–1783) zur Verfügung gestellt wurde. Er habe zu diesem Zeitpunkt im Frühjahr 1756 seit etwa fünf oder sechs Jahren an seinem Vorhaben gearbeitet, ohne dass es große Fortschritte gemacht hätte (B 400). Denn: „Die Bücher dieser Art erfordern Nachdenken, Muße, Ruhe." Alle Hinweise sprechen dafür, dass Rousseau mit der tatsächlichen Ausarbeitung in den Jahren begann, als er den *Diskurs über die Wissenschaften und Künste* (Discours sur les sciences et les arts) schrieb.

Insgesamt war die Zeit von Mitte der 1750er Jahre bis 1762 Rousseaus intensivste Schaffensphase. Mit der Publikation seines ersten *Diskurses* war Rousseau über Nacht zu einer europäischen Berühmtheit geworden. Nichts lag also näher, als ganz auf eine schriftstellerische Karriere zu setzen. 1755 erschien der *Diskurs über den Ursprung und die Grundlagen der Ungleichheit unter den Menschen* (Discours sur l'origine et les fondements de l'inégalité parmi les hommes), und im Jahr darauf begann er mit der Abfassung des Briefromans *Julie oder die Neue Héloïse*, der Anfang 1761 veröffentlicht wurde. Gleichzeitig lagen Entwürfe für zwei weitere Arbeiten auf seinem Schreibtisch: „Ich hatte noch zwei Werke geplant. Das erste waren meine ‚Politischen Einrichtungen'. Ich prüfte den Stand dieses Buchs und fand, dass es noch mehrere Jahre Arbeit verlangte. Ich hatte nicht den Mut, es fortzusetzen und bis zu seiner Vollendung mit der Ausführung meines Entschlusses zu warten. So entsagte ich diesem Werk und beschloß, aus ihm zu ziehen, was sich herauslösen ließe, und das andre zu verbrennen, und da ich diese Arbeit, ohne die am ‚Emile' zu unterbrechen, mit Eifer betrieb, legte ich in weniger als zwei Jahren letzte Hand an den ‚Gesellschaftsvertrag'." (B 508). Dass er an beiden Werken gleichzeitig arbeitete, fand seinen Niederschlag auch in inhaltlichen Entsprechungen: Zum Einen findet das berühmte Glaubensbekenntnis des savoyischen Vikars im vierten Buch des *Emile*, in dem er die Offenbarungsreligion kritisiert und für eine natürliche Religion wirbt, seine Parallele im Kapitel über die Zivilreligion; zum Anderen lesen sich die Grundlagen des politischen Zusammenlebens, die Emile gegen Ende des fünften Buches erläutert bekommt, wie eine Zusammenfassung des *Gesellschaftsvertrags*.

Weitere Arbeiten aus dieser Zeit stehen ebenfalls in Zusammenhang mit seinen Überlegungen für sein geplantes Werk, so der Artikel zur Ökonomie für den 1755 erschienenen Band 5 der *Enzyklopädie*. Der Artikel antwortet auf einen im gleichen Band abgedruckten Beitrag von Diderot zum Thema Naturrecht (Droit naturel), in dem Diderot die Menschheit (genre humain) als Träger eines moralisch gedachten Gemeinwillens (volonté générale) ausgezeichnet hatte. In der Auseinandersetzung mit Diderot greift Rousseau den Begriff des Gemeinwillens auf, deutet ihn allerdings in der für den später entstandenen *Gesellschaftsvertrag* zentralen kontraktualistischen und politischen Perspektive um. Die Auseinandersetzung mit Diderots Artikel zum Naturrecht führte Rousseau in seinen Überlegungen zum *Gesellschaftsvertrag* weiter. Aus dessen Entstehungsphase ist ein einziges relativ fortgeschrittenes Manuskript überliefert, das sogenannte Genfer Manuskript. Dieses enthält einen Abschnitt zu Diderots *Enzyklopädie*-Beitrag, der in der Druckfassung gestrichen wurde. Der Textbefund legt, auch unabhängig von Rousseaus eigenen Aussagen zur Entstehungsgeschichte, eine Datierung auf die Zeit nach 1755 nahe.[4]

Die Chronologie macht deutlich, wie lange und beharrlich Rousseau an der Ausformulierung seines Systems und der Entwicklung seiner Grundbegriffe arbeitete – und sie hält für die Interpretation den Hinweis bereit, den *Gesellschaftsvertrag* im Zusammenhang seiner anderen Texte aus dieser Phase zu deuten. So wird der *Gesellschaftsvertrag* als eine Arbeit lesbar, die am Schnittpunkt vieler Überlegungen Rousseaus stand: Zwar kennzeichnet er selbst den Text in seinem Untertitel als Beitrag zum Staatsrecht, aber evidenter Weise geht es darin gleichermaßen um Ökonomie, Moral, Erziehung und Religion.

4 Datierung des MdG auf 1756: Bruno Bernardi, „Introduction“, S. 17; ebenfalls schon Derathé in OC I: 1524, Anm. 2 zu S. 516.

Die Veröffentlichung dieser eng zusammenhängenden Werke sollte indes Rousseaus Biographie vielleicht noch tiefgreifender verändern, als es über ein Jahrzehnt zuvor die Lektüre des *Mercure de France* getan hatte. Im Oktober 1761 beginnt bei Duchesne in Paris (unter der falschen Verlags- und Ortsangabe Jean Néaulme, Amsterdam) der Druck von *Émile, ou de l'éducation* (Emile oder über die Erziehung), im Mai 1762 wurden die ersten Exemplare ausgeliefert. Bereits Anfang April hatte in Amsterdam bei Marc-Michel Rey der *Gesellschaftsvertrag* die Druckerpresse verlassen. Für den *Gesellschaftsvertrag* wird kurz darauf ein Einfuhrverbot ausgesprochen, und der *Emile* unterliegt aufgrund der religionskritischen Passagen im Glaubensbekenntnis des savoyischen Vikars der Zensur. Schon Anfang Juni 1762 wurde die Verbrennung des Werkes angeordnet, gegen Rousseau ein Haftbefehl erlassen.

Seiner drohenden Verhaftung entzog sich Rousseau buchstäblich in letzter Minute durch Flucht nach Yverdon, also auf neutrales Berner Gebiet. Denn auch in Genf wäre er, der 1754 zurück zum protestantischen Glauben konvertierte und daher wieder Bürger der Stadt geworden war, nicht sicher gewesen: Dort waren sogar beide Bücher der Zensur unterworfen worden, und Rousseau drohte ebenfalls die Verhaftung. Damit begann die Geschichte seiner ruhelosen letzten Lebensjahre bis zu seinem Tod 1778, in denen Rousseau sich seinen autobiographischen Schriften widmen sollte, weiterhin seinen Unterhalt mit dem Kopieren von Noten bestritt und sich, wann immer es ging, in die Einsamkeit der Natur zurückzog. Der *Gesellschaftsvertrag* wurde, auch wenn Nachdrucke in Umlauf gerieten, zunächst wenig gelesen und noch weniger verstanden.

II. Freiheit und Gemeinwille

Wie Thomas Hobbes mit dem *Leviathan* der Theoretiker der Staatsmacht wurde, so gehört Rousseaus *Gesellschaftsvertrag* zu den Gründungstexten des modernen Freiheitsdenkens. Zwar hat er sich nicht erst in seinen späten autobiographischen Schriften, sondern schon im *Diskurs über die Ungleichheit* als der große Gesellschaftsskeptiker gezeigt, als der er vornehmlich wahrgenommen wird. Dennoch versteht Rousseau die Menschen nicht als isolierte Einzelne. Vielmehr geht er davon aus, dass sie sich sowohl für ihr physisches Überleben wie auch als Grundlage ihrer moralischen Existenz mit Ihresgleichen zusammenschließen müssen. Wie also, so könnte man seine zentrale Frage reformulieren, können die Menschen in einem bestmöglich organisierten Gemeinwesen leben und gleichzeitig ihre „Qualität als Mensch" (35) bewahren, das, was sie ihrem Wesen nach ausmacht – nämlich ihre Freiheit?

Diese Frage macht den Kern des Gesellschaftsvertrags aus, und schon mit dem berühmten Eingangssatz des ersten Kapitels wird das wichtigste Thema des Buches angeschlagen: „Der Mensch ist frei geboren, und überall liegt er in Ketten." Der Satz vereint einen normativen Anspruch, den auf politische Freiheit, mit einer grundsätzlichen und umfassenden Zeitkritik. In den ersten Kapiteln des *Gesellschaftsvertrags* macht Rousseau deutlich, dass die politische Philosophie aus seiner Sicht bislang keine befriedigenden Lösungen für den Konflikt zwischen Freiheit und Herrschaft anbietet. Dies ist der Fall für die antike Philosophie, die mit Aristoteles davon ausging, dass der Mensch über natürliche Anlagen zum Herrschen oder Gehorchen verfügt. Erst recht gilt es für Vertreter des Gottesgnadentums wie Robert Filmer (1588–1653), der annimmt, dass den Regierenden alle Macht in direkter Linie von Adam her übertragen wurde, oder für Jacques Bénigne Bossuet (1627–1704), der die Macht des Monarchen analog zur Autorität des Vaters in der angeblich natürlichen Ordnung der Familie begründet sieht. Und schließlich kritisiert Rousseau sowohl Hugo Grotius (1583–1645) als auch Thomas Hobbes (1588–1679) dafür, dass sie aus der historischen Existenz der Sklaverei darauf schließen, dass diese gerechtfertigt wäre, in anderen Worten Macht mit Recht verwechseln. Beiden unterstellt er daher, „Verteidiger des Despotismus" zu sein (38).

Wenn sich keine natürliche Erklärung finden lässt, so folgert Rousseau, muss ein Vertrag am Ursprung der politischen Gemeinwesen stehen, durch den sich die Menschen zur Befolgung einer gemeinsamen Ordnung, eines für alle geltenden Rechts verpflichten (31). Dies ist der Moment der größten Nähe, aber auch der größten, polemisch markierten Distanz zur Naturrechtstheorie. Denn einerseits schließt Rousseau mit seiner Vertragstheorie an eine lange naturrechtliche Tradition an. Andererseits geht es ihm aber hier darum, den Unterschied seiner Theorie hervorzuheben. Rousseau argumentiert in seiner Kritik strukturell. Die Autoren, auf die er sich bezieht – Grotius, Hobbes und Samuel Pufendorf (1632–1694) – müssen in ihren Vertragstheorien implizit zwei Arten von Verträgen vorsehen, selbst wenn sie dies nicht ausdrücklich formulieren oder beide in eins fallen lassen, wie es bei Hobbes der Fall ist: einen Vereinigungsvertrag (pactum associationis), mit dem sich die Individuen zur Gesellschaft zusammenschließen, und einen Unterwerfungsvertrag (pactum subiectionis), mit dem sic die gemeinsame Macht einem Herrscher übertragen, der diese auszuüben befugt ist und damit die Sicherheit aller nach innen und nach außen garantiert. Rousseaus Ansicht nach ist der zweite Vertrag unsinnig und dem eigentlichen Zweck des gesellschaftlichen Zusammenschlusses entgegengesetzt: Weshalb sollten die Menschen ihre durch den Vertragsschluss erlangte Macht wieder aufgeben und sich einer äußeren Herrschaft unterwerfen?

Abgesehen von der abstrakten Überlegung, die zur Postulierung eines vertraglichen Zusammenschlusses führt, findet sich im *Gesellschaftsvertrag* keine weitere Herleitung für die Notwendigkeit eines solchen Schrittes, sondern lediglich die lapidare Feststellung: „Ich setze voraus, die Menschen sind an jenem Punkt angekommen, wo der Widerstand jener Hindernisse, die ihre Erhaltung im Naturzustand gefährden, die Kräfte übersteigt, die jedes Individuum aufbringen kann, um in diesem Zustand zu verbleiben." (39) Für den Argumentationsgang des *Gesellschaftsvertrags* ist mehr auch nicht erforderlich, da Rousseau hier nur die Frage stellt, welches die bestmögliche Form der Regierung ist, sich aber nicht für die Genese der menschlichen Vergemeinschaftung interessiert. Diesen systematischen Ort nimmt im Zusammenhang seines politischen Denkens der *Diskurs über die Ungleichheit* ein. Dort wird der Naturzustand als eine Hypothese bezeichnet: ein Zustand, „der nicht mehr existiert, der vielleicht überhaupt nicht existiert hat und wahrscheinlich nie existieren wird, von dem wir uns dennoch zutreffende Begriffe machen müssen, um unseren gegenwärtigen Zustand richtig zu beurteilen"

(KPS1 198/199). Das Missverständnis, Rousseau treibe die Sehnsucht nach einem idealen Naturzustand um, ist seit Voltaires berühmter Sottise, ihn überkomme bei der Lektüre seiner Schriften die Lust, auf allen Vieren zu gehen, Anlass für viele Fehllektüren. Aber Rousseau projiziert nach seinem eigenen Verständnis keine normativen Annahmen in einen vorgeblich ungetrübten Naturzustand, sondern verfährt gerade umgekehrt, im Ausgang von einem Zustand der gesellschaftlichen Entfremdung. Jean Starobinski hat seine Methode im zweiten *Diskurs* mit einer glücklichen Wendung als „negative Anthropologie" charakterisiert: Wie man aus einer Statue, die über Jahrhunderte im Meer gelegen habe und über und über mit Ablagerungen bedeckt sei, formuliert er dort, die ursprünglichen Formen durch Abtragung erst wieder hervorholen müsse, so gelte es auch, den natürlichen Menschen von allen Eigenschaften zu entkleiden, die er sich in der Gesellschaft angeeignet habe. Der hypothetische Naturzustand wird so zur Kontrastfolie, vor deren Hintergrund sich die Darstellung von Gesellschaft und Staat abhebt – sowohl negativ, in Abgrenzung von, als auch positiv, durch normativen Bezug auf ihn. Allerdings sind beide kategorial voneinander geschieden: es gibt keinen Übergang von dem einem in den anderen Zustand, sondern im Gegenteil einen substantiellen Unterschied zwischen beiden. Im Zusammenhang des *Gesellschaftsvertrags* wird dies nicht zuletzt am Konzept der Freiheit deutlich.

Von allen möglichen Wesensmerkmalen, die den Menschen in der politischen Ideengeschichte zugerechnet worden sind – etwa Leben und körperliche Unversehrtheit oder Recht auf Eigentum –, greift Rousseau im *Gesellschaftsvertrag* auf sehr abstrakte und allgemeine Weise die Freiheit heraus. Sie ist absolut und duldet prinzipiell keinerlei Einschränkung. Rousseau setzt auf diese Weise den gesellschaftlichen Zusammenschluss unter größtmögliche Spannung. Dessen „Grundproblem" lautet in seinen Worten: „Es ist eine Form der Assoziation zu finden, die mit der ganzen gemeinsamen Kraft die Person und die Habe jedes Assoziierten verteidigt und schützt und durch die jeder, mit allen vereint, dennoch nur sich selbst gehorcht und so frei bleibt wie zuvor." (39f.)

Auf dem Weg dahin löst Rousseau das Paradox von Freiheit und Unterwerfung nicht etwa auf, sondern spitzt es in einer für ihn charakteristischen Denkbewegung in der provokanten Identifikation von Freiheit und Gehorsam sogar noch zu: „Gehorsam gegen das Gesetz, das man sich selbst gegeben hat, ist Freiheit." (45) Nachvollziehbar wird diese Formel, wenn man in den Blick nimmt, dass Rousseau in zwei unterschiedlichen Hinsichten von Freiheit spricht und diese gegeneinander in Stellung bringt: Bei der ersten handelt es sich um die natürliche Freiheit des natürlichen Menschen, ein „unbegrenztes Recht auf alles, was er begehrt". Diese Form der Freiheit ist durch die Kräfte des Individuums begrenzt: Sie endet dort, wo es einem Stärkeren begegnet, gegen den es sich nicht durchsetzen kann. Bei der anderen handelt es sich um die bürgerliche Freiheit; auch sie ist begrenzt, jedoch für jeden auf gleiche Weise, nämlich durch die Gesetze, die für alle gleichermaßen bindend sind und damit die rechtliche Sicherheit aller verbürgen. Am Übergang von der einen zur anderen Form der Freiheit steht zwar einerseits eine „völlige Übereignung eines jeden Assoziierten mit allen seinen Rechten an die Gemeinschaft" (40), doch wird die fragile Form der natürlichen Unabhängigkeit mehr als nur kompensiert: Die Gesellschaft macht aus dem Menschen einen Bürger, aus dem im Naturzustand durch Stärke erworbenen Besitz wird gesetzlich verbürgtes Eigentum, ein triebgesteuertes Wesen erlangt moralische Selbstbestimmung, und insgesamt wird aus einem „dummen, beschränkten Tier ein intelligentes Wesen", ergo ein Mensch gemacht. (44)

Zur Begründung dieser Transformation greift Rousseau zurück auf die Annahme eines Vertrags auf Gegenseitigkeit, der in der gesellschaftlichen Wirklichkeit implizit bleibt, aber dennoch als systematische Voraussetzung mitgedacht werden muss. Rousseau fasst ihn in einer knappen Formel zusammen, mit der die rätselhafte Figur des Gemeinwillens eingeführt wird:

„Jeder von uns unterstellt gemeinschaftlich seine Person und seine ganze Kraft der höchsten Leitung des Gemeinwillens, und wir empfangen als Körper jedes Glied als untrennbaren Teil des Ganzen." (40f.)

In dieser Abstraktheit gefasst findet sich im Begriff des Gemeinwillens letztlich die Ausgangsproblematik reproduziert: Ausgerechnet der Wille als treibende Kraft der individuellen Autonomie wird zum Träger der Allgemeinheit. Nicht umsonst konzentrieren sich im Gemeinwillen die Deutungsbemühungen einer langen Geschichte der Rousseau-Exegese, und nicht umsonst ist gerade dieser Begriff zum Ausgangspunkt für Rousseau-Lektüren geworden, ihn als totalitäre Instanz zu deuten, die über das allgemeine Beste entscheidet. Eine solche Vorstellung liegt der Herleitung von Robespierres Tugendterror in der Französischen Revolution ebenso zugrunde wie in der Zeit nach dem Zweiten Weltkrieg, als Rousseau zum Vorläufer totalitärer Ideologien erklärt werden konnte: Entscheidungen eines Kollektivs, einer Partei oder eines Volkes folgten vorgeblich einer höheren Vernunft, denen sich die Einzelnen zu unterwerfen haben. Manche Formulierungen Rousseaus wie die, „dass der Gemeinwille immer im Recht ist“, lassen eine solche Interpretation durchaus plausibel erscheinen. Rousseaus oft idealisierende Vorstellungen von politischer Tugend oder moralischer Vorbildhaftigkeit tragen ebenfalls dazu bei, den *Gesellschaftsvertrag* als Inbegriff eines auf Einstimmigkeit und Einsinnigkeit angelegten Staates zu lesen. Rousseaus Rhetorik, seine Lust an paradoxen Formulierungen ebenso wie die von Ausdrücken der Emphase – etwa der Heiligkeit der gesellschaftlichen Ordnung (31) – sind weitere Aspekte, die den in der Kritik oftmals formulierten Eindruck von Widersprüchlichkeit oder nicht gänzlich Durchdachtem unterstützen.

Im Hinblick auf den Gemeinwillen und den darin artikulierten Freiheitsgedanken jedenfalls gewinnt Rousseaus Konzeption an Deutlichkeit, wenn man eine Passage aus seinen *Briefen vom Berge* hinzuzieht. Diese schrieb Rousseau zur Verteidigung seiner Positionen als Reaktion auf eine Schrift des Genfer Staatsanwalts Jean Robert Tronchin (1710–1793) und war bemüht, sich möglichst klar und nachvollziehbar auszudrücken. Er formuliert:

„Und was ist ein Gesetz? Eine öffentliche und feierliche Erklärung des allgemeinen Willens über einen Gegenstand des allgemeinen Besten. Ich sage, über einen Gegenstand des allgemeinen Besten, weil das Gesetz seine Kraft und seine Rechtmäßigkeit verlieren würde, sobald dessen Gegenstand nicht alle beträfe. Das Gesetz kann vermöge seiner Natur keinen besonderen und einzelnen Gegenstand haben, aber die Anwendung des Gesetzes betrifft besondere und einzelne Gegenstände.“ (KPS2 268)

Die Legitimität einer politischen Ordnung ist darin begründet, dass Entscheidungen, die für alle gelten – und nichts anderes als diese Allgemeinheit meint der Begriff des Gesetzes –, entsprechend nur unter Beteiligung aller Angehörigen dieses Gemeinwesens gefällt werden können. So verstanden, ist der Gemeinwille kein Substanz-, sondern ein Prozessbegriff. Er steht nicht ein für alle Mal fest, vielmehr artikuliert er sich jedes Mal neu in Gegenwart des versammelten Souveräns. In unseren gegenwärtigen Sprachgebrauch übersetzt hieße das nichts anderes, als dass der Gemeinwille das Resultat von permanenten Aushandlungsprozessen darstellt. Die Tatsache, dass Rousseaus republikanisches Staatswesen im Vergleich mit der liberalen Tradition keine individuellen Freiheitsrechte kennt, dass es keine liberalen Schutz- und Abwehrrechte des Individuums gegenüber dem Staat vorsieht, leitet sich hieraus ab. Für ihn wären diese überflüssig, sofern alle Staatsbürger permanent in die politische Willensbildung einbezogen sind.

Den Gemeinwillen als Resultat permanenter Partizipation zu konzipieren, begründet unter anderem Rousseaus Bevorzugung kleiner Staaten. Nur diese ermöglichen es, dass das gesamte Staatsvolk zu bestimmten Terminen zusammenkommt, um über Gesetze zu beschließen. In dieser Vorstellung scheint das Ideal der antiken Stadtstaaten auf, und an keiner Stelle zeigt sich Rousseaus Verbundenheit mit seiner Geburtsstadt Genf und sein Bürgerstolz deutlicher als in der Autorenangabe „Citoyen de Genève“. Je größer ein Staatsvolk, so rechnet Rousseau vor, desto kleiner die Souveränität jedes Einzelnen – in einem Staat mit einhunderttausend Bürgern hat jedes Mitglied nur den einhunderttausendsten Anteil an der Souveränität (78).

Für das Verständnis des *Gesellschaftsvertrags* ist es sinnvoll, ihn nicht nur auf seine abstrakte Begrifflichkeit zu reduzieren, wie sie vor allem in den ersten beiden Büchern entwickelt wird. Tatsächlich ist das Werk durchzogen von einer Grundspannung zwischen der staatstheoretischen Begrifflichkeit, den „Gesetzen, wie sie sein können“, und den Realisierungsbedingungen, den „Menschen, wie sie sind“. Rousseau rechnet mit dem Umstand, „daß es nicht eine einzige und absolute Regierungsform gibt, sondern so viele ihrem Wesen nach verschiedene Regierungen wie ihrer Größe nach verschiedene Staaten" (79), und von der idealen politischen Form der Demokratie spricht er im Irrealis: „Strenggenommen hat es niemals eine wirkliche Demokratie gegeben und wird es sie auch niemals geben. [...] Gäbe es ein Volk von Göttern, es würde sich demokratisch regieren. Eine so vollkommene Regierung ist für Menschen nicht angemessen." (86/87) Rousseau ist sich der anspruchsvollen Realisierungsbedingungen eines in seiner Perspektive guten Staates bewusst: Der größere Teil des *Gesellschaftsvertrags* ist der Diskussion dieser Bedingungen gewidmet. Die Zahl der Einwohner ist nur einer unter zahlreichen weiteren Aspekten. Der *Gesellschaftsvertrag* enthält, was in der Deutung oft übersehen wird, trotz der deutlichen Ablehnung jeglicher Form politischer Repräsentation einen ausdrücklichen Versuch, am Vorbild der römischen Bürgerschaftsversammlungen, der Komitien, das Modell der unmittelbaren Teilnahme der Bürger am Gesetzgebungsprozess auch auf größere Staatswesen anzuwenden (126ff.).

Zu den Realisierungsbedingungen, die Rousseau berücksichtigt, zählen mit ausdrücklicher Reverenz an Montesquieu die klimatischen und geographischen Gegebenheiten, die unterschiedliche Wirtschaftsweisen und damit Lebensformen hervorbringen (73). Dazu zählen insbesondere Fragen der Politischen Ökonomie. Rousseau propagiert neben der rechtlichen keine wirtschaftliche Gleichheit, doch hält er wirtschaftliche Abhängigkeit für eine Gefahr und rät daher, „weder übermäßig Reiche noch Bettler" zu dulden (72 FN 1). Unter diesen Voraussetzungen plädiert er für die „Wahlaristokratie" (88) als die beste aller Regierungsformen, wobei der Name „Aristokratie" hier nicht auf eine Adelsherrschaft zielt – diese heißt bei ihm vielmehr „Erbaristokratie". Aristokratie verwendet Rousseau ganz im Verständnis der antiken Philosophie als Herrschaft der Besten, deren Interessen am Gemeinwohl orientiert sind und bei denen „Rechtschaffenheit, Einsicht, Erfahrung" zu Voraussetzungen einer „weisen Regierung" werden. (88)

Schließlich benennt Rousseau die seiner Meinung nach wesentlichste Realisierungsbedingung des Gemeinwesens, „die wichtigste von allen" (75), allerdings gleichzeitig mit dem Hinweis, dass diese nicht Gegenstand seiner Abhandlung sei: „Ich spreche von den Sitten, den Gebräuchen und vor allem von der öffentlichen

Meinung, einem Gebiet, das unseren Politikern völlig unbekannt ist, von dem aber der Erfolg aller anderen abhängt; einem Gebiet, mit dem sich der große Gesetzgeber im geheimen beschäftigt, während er sich auf einzelne Verordnungen zu beschränken scheint, die nur die Bögen des Gewölbes sind, zu dem die sich langsamer herausbildenden Sitten den unverrückbaren Schlußstein bilden.“ (75) In Rousseaus Vorstellung fungieren Sitten als Relais zwischen den Einzelwillen und dem Gemeinwillen: „Je weniger die Einzelwillen mit dem Gemeinwillen, d. h. die Sittenwelt mit den Gesetzen übereinstimmen, um so mehr muß die unterdrückende Gewalt zunehmen.“ (79) Die ultimative Figur des Staates wäre somit dessen Selbstabschaffung. Während es zu seiner Gründung eines weisen Gesetzgebers ohne Eigeninteressen bedürfte, der sozusagen den langwierigen Deliberationsprozess zur Formulierung der Gesetze überspränge – Rousseau orientiert sich am antiken Ideal des Lykurg (wie Plutarch ihn als mythischen Verfassungsgeber von Sparta beschreibt) –, gäbe es im idealen Staatswesen keine Abweichung mehr zwischen individuellen Moralvorstellungen und Gemeinnutz.

Solche Überlegungen führt das Schlusskapitel des *Gesellschaftsvertrags* über Zivilreligion aus. Es steht in engem sachlichem Zusammenhang mit der Figur des Gesetzgebers. Darauf deutet schon die Entstehungsgeschichte des *Gesellschaftsvertrags* hin: Das Kapitel zur Zivilreligion wurde in dem bereits erwähnten Genfer Manuskript offenbar in einer Überarbeitungsphase auf der Rückseite des Abschnitts zum Gesetzgeber verfasst. Hier drückt sich wiederum Rousseaus Ablehnung gegenüber äußerem staatlichem Zwang aus. Doch reicht die Tatsache, dass Gesetze nichts anderes sind als Resultate der Selbstverpflichtung, schon als Motivation für ihre Einhaltung aus? Oder müssen zusätzliche moralische Ressourcen mobilisiert werden? Rousseaus Staat repräsentiert das schlichte Gegenteil zu Grotius‘ methodischem Atheismus, der seine Überlegungen unter den Vorbehalt des „etsi deus non daretur“ (als wenn es Gott nicht gäbe) stellt, oder der späteren These Kants, dass man selbst aus einem Volk von Teufeln, „so sie denn Verstand haben“, noch einen Staat machen könnte. Er ist vielmehr davon überzeugt, dass der Staat nicht nur ein regelhaft funktionierender Mechanismus, sondern darüber hinaus eine moralische Einrichtung sein muss, die die moralischen Überzeugungen seiner Angehörigen durch einen idealen institutionellen Aufbau genau in der Weise formt, dass diese durch ihre innersten Überzeugungen, ihr Gewissen, immer schon über einen moralischen Kompass verfügen. Im Idealfall würde jeder Einzelne so moralisch, und das heißt: so sehr auf das allgemeine Beste gerichtet agieren, dass die Gesetze fast überflüssig würden.

Die Tatsache, dass Rousseau das Kapitel zur Zivilreligion an den Schluss seines Buches stellte, wurde gelegentlich als eine Art Verlegenheit angesehen – als Eingeständnis, dass seine demokratietheoretische Konzeption gescheitert sei, und als der ultimative Versuch, dem Staat als Antidot gegen dieses Scheitern eine Gemeinschaftsideologie zu implantieren. Im Kontext seiner Ausführungen über Sitten und öffentliche Meinung kommt die Positionierung am Buchende allerdings nicht zufällig zustande, sondern nimmt im wörtlichen Sinne die intendierte Stelle eines Schlusssteins ein. Neben allen anhaltenden Interpretationsschwierigkeiten, die es bietet, ist es dennoch die Problemanzeige für eine sehr moderne und gegenwärtige Einsicht: dass ein Staat nicht ohne einen Grundkonsens seiner Bürger, so minimal er auch immer sein mag, bestehen kann.

Jean-Jacques Rousseau: Œuvres complètes, 5 Bde., Paris: Gallimard (Bibliothèque de la Pléiade) 1959–1995. (OC)

Jean-Jacques Rousseau: Discours sur l'économie politique. Édition, introduction et commentaire sous la direction de B. Bernardi, Paris: Vrin 2002. (EP)

Jean-Jacques Rousseau: Du contract social ou Essai sur la forme de la République (Manuscrit de Genève). Texte édité et commenté sous la direction de B. Bachofen, B. Bernardi et G. Olivo, Paris: Vrin 2012. (MdG)

Jean-Jacques Rousseau: Die Bekenntnisse. Übersetzt von Alfred Semerau (durchgesehen von Dietrich Leube). Mit einem Nachwort und Anmerkungen von Christoph Kunze, München: dtv 1981. (B) (Als aktuell lieferbare Ausgabe ist empfehlenswert: Bekenntnisse. Aus dem Französischen von Ernst Hardt. Mit einer Einführung von Werner Krauss, Frankfurt am Main: Insel Verlag, 9. Auflage 2010).

Jean-Jacques Rousseau: Schriften in zwei Bänden. Herausgegeben von Henning Ritter, München/Wien: Carl Hanser Verlag 1978. (S)

Jean-Jacques Rousseau: Kulturkritische und politische Schriften in zwei Bänden. Herausgegeben von Martin Fontius. Aus dem Französischen übersetzt von Karlheinz Barck, Brigitte Burmeister, Rolf Geißler, Heinz Hohenwald, Lore Judt, Joachim Meinert, Henning Ritter und Vincent von Wroblewsky, Berlin: Rütten & Loening 1989. (KPS)

Jean-Jacques Rousseau: The Political Writings of Jean Jacques Rousseau. Edited from the Original Manuscripts and Authentic Editions, with Introduction and Notes by C. E. Vaughan. Volume I and II, Cambridge: University Press 1915. (Vaughan)

Robert Derathé: Jean-Jacques Rousseau et la science politique de son temps, Paris: Vrin, [2]1995 [1950].

VOM GESELLSCHAFTSVERTRAG
ODER PRINZIPIEN DES STAATSRECHTS

Von Jean-Jacques Rousseau,
Bürger von Genf

— *foederis aequas*
Dicamus leges.
Aeneis, XI

VORBEMERKUNG

Diese kleine Abhandlung ist einem größeren Werk entnommen, das ich einst begonnen hatte, ohne meine Kräfte zu ermessen, und inzwischen längst aufgegeben habe. Von den verschiedenen Teilen, die aus dem schon Vollendeten zu gewinnen waren, ist dieser der beträchtlichste. Er schien mir am wenigsten unwürdig, der Öffentlichkeit vorgelegt zu werden. Der Rest existiert bereits nicht mehr.

ERSTES BUCH

Ich will herausfinden, ob es in der gesellschaftlichen Ordnung eine rechtmäßige und sichere Regierungsweise geben kann, nimmt man die Menschen, wie sie sind, und die Gesetze, wie sie sein können. Ich werde mich dabei immer bemühen, das, was das Recht erlaubt, mit dem, was das Interesse fordert, so zu verbinden, daß Gerechtigkeit und Zweckmäßigkeit nicht getrennt werden.

Ich komme gleich zur Sache, ohne die Bedeutung meines Themas zu beweisen. Man wird mich fragen, ob ich Fürst oder Gesetzgeber bin, um über Politik schreiben zu dürfen. Ich antworte: nein – und ebendeshalb schreibe ich über Politik. Wäre ich Fürst oder Gesetzgeber, verlöre ich nicht meine Zeit damit, zu sagen, was zu tun ist; ich täte es oder schwiege.

Als Bürger eines freien Staates und Mitglied des Souveräns wurde ich geboren. Wie schwach auch der Einfluß meiner Stimme in den öffentlichen Angelegenheiten sein mag, mein Recht, über sie abzustimmen, verpflichtet mich, Kenntnisse über sie zu erlangen. Sooft ich über Regierungen nachdenke, bin ich glücklich, immer neue Gründe zu finden, die meines Landes zu lieben!

I. KAPITEL

Das Thema dieses ersten Buches

Der Mensch wird frei geboren, und überall liegt er in Ketten. Jener glaubt sich Herr der anderen und ist doch mehr Sklave als sie. Wie kam es zu dieser Veränderung? Ich weiß es nicht. Was kann sie legitim machen? Ich glaube, diese Frage lösen zu können.

Wenn ich nur die Gewalt und ihre Wirkung in Betracht zöge, würde ich sagen: Solange ein Volk gezwungen wird zu gehorchen und es gehorcht, tut es gut daran. Sobald es das Joch abschütteln kann und es tatsächlich abschüttelt, tut es noch besser daran; denn indem es seine Freiheit durch ebendas Recht wiedererlangt, das sie ihm raubte, ist es entweder berechtigt, sie zurückzunehmen, oder man war es nicht, sie ihm zu entreißen. Die gesellschaftliche Ordnung aber ist ein heiliges Recht, das allen anderen zugrunde liegt. Dennoch kommt dieses Recht nicht von der Natur; es beruht folglich auf Übereinkünften. Man muß also wissen, was das für Übereinkünfte sind. Bevor ich dazu komme, muß ich begründen, was ich gerade behauptet habe.

II. KAPITEL

Von den ersten Gesellschaften

Die älteste aller Gesellschaften und die einzige natürliche ist die Familie. Allerdings bleiben die Kinder an den Vater nur so lange gebunden, wie sie ihn zu ihrer Erhaltung brauchen. Sobald dieses Bedürfnis aufhört, löst sich das natürliche Band. Die Kinder vom Gehorsam gegenüber dem Vater und der Vater der Sorgepflicht gegenüber den Kindern entbunden, kehren alle gleichermaßen in die Selbständigkeit zurück. Bleiben sie weiterhin vereint, dann nicht mehr in natürlicher Weise, sondern aus freien Stücken. Dann besteht selbst die Familie nur durch Übereinkunft.

Diese gemeinsame Freiheit ist eine Folge der Natur des Menschen. Sein erstes Gesetz ist es, über seine Selbsterhaltung zu wachen, seine ersten Sorgen gelten ihm selbst. Sobald er das Alter der Vernunft erreicht hat, wird er sein eigener Herr, da er nun allein über die geeigneten Mittel, sich zu erhalten, entscheidet.

Die Familie ist also, wenn man will, das erste Modell der politischen Gesellschaften: das Oberhaupt ist das Abbild des Vaters, das Volk das Abbild der Kinder. Da alle gleich und frei geboren sind, veräußern sie ihre Freiheit nur zu ihrem Nutzen. Der ganze Unterschied besteht darin, daß in der Familie der Vater durch die

Liebe zu seinen Kindern für die Sorge entschädigt wird, die er ihnen widmet. Im Staate ersetzt die Lust des Befehlens die Liebe, die der Herrscher für seine Völker nicht empfindet.

Grotius leugnet, daß jede menschliche Macht zugunsten der Regierten errichtet werde: er nennt die Sklaverei als Beispiel. Seine beständige Art der Beweisführung besteht darin, stets das Recht durch das Faktum zu begründen.[1] Es gäbe eine konsequentere, jedoch keine den Tyrannen gelegenere Methode.

Es ist also nach Grotius zweifelhaft, ob die menschliche Gattung einem guten Hundert Menschen gehört oder ob diese etwa hundert Menschen zur menschlichen Gattung gehören: in seinem ganzen Buch scheint er erster Meinung zuzuneigen. Das ist auch Hobbes' Ansicht. So wird die menschliche Gattung in Viehherden aufgeteilt; jede hat ihren Führer, der sie hütet, um sie zu verschlingen.

Wie der Hirte von höherer Natur ist als seine Herde, sind die Hirten der Menschen, ihre Führer, von höherer Natur als ihre Völker. So dachte, wie Philon berichtet, Kaiser Caligula, und er folgerte ziemlich richtig aus dieser Analogie, entweder seien die Könige Götter oder die Völker Tiere.

Die Beweisführung dieses Caligula deckt sich mit der von Hobbes und Grotius. Aristoteles hatte bereits vor ihnen allen ebenfalls behauptet, die Menschen seien von Natur aus nicht gleich, sondern die einen für die Sklaverei, die anderen für die Herrschaft geboren.

Aristoteles hatte recht; aber er verwechselte Wirkung und Ursache. Jeder in der Sklaverei geborene Mensch wird für die Sklaverei geboren, nichts ist gewisser. Die Sklaven verlieren in ihren Ketten alles, selbst den Drang, sie abzuwerfen. Sie lieben ihre Knechtschaft, wie die Gefährten des Odysseus ihre tierische Verwandlung liebten.[2] Es gibt also Sklaven von Natur aus, weil es Sklaven wider die Natur gab. Gewalt schuf die ersten Sklaven, ihre Feigheit verewigte diesen Zustand.

[1] »Die gelehrten Untersuchungen über das öffentliche Recht sind oft nur die Geschichte alter Mißbräuche, und man müht sich ohne Gewinn, wenn man sie allzu eifrig studiert.« *Traité des intérêts de la France avec ses voisins, par M. le Marquis d'Argenson.* Gerade das hat Grotius getan.

[2] Siehe Plutarchs kleine Abhandlung *Daß die Tiere die Vernunft gebrauchen.*

Ich habe nichts von König Adam gesagt noch von Kaiser Noah, dem Vater dreier großer Monarchen, die sich die Welt teilten, den Kindern des Saturn gleich, die man in ihnen wiederzuerkennen glaubte. Ich hoffe, man wird mir diese Zurückhaltung danken; denn als direkter Nachkomme eines dieser Fürsten, und vielleicht des ältesten Zweiges, erweise ich mich womöglich bei Überprüfung der Ansprüche als rechtmäßiger König der menschlichen Gattung? Wie dem auch sei, man muß zugeben, daß Adam Souverän der Welt gewesen ist wie Robinson der seiner Insel, solange er ihr einziger Bewohner war. Bequem war in diesem Reich, daß der Monarch, seines Throns sicher, weder Aufstände noch Kriege noch Verschwörer zu fürchten hatte.

III. KAPITEL
Vom Recht des Stärkeren

Der Stärkere ist nie stark genug, um immer Herr zu bleiben, wenn er seine Stärke nicht in Recht und den Gehorsam nicht in Pflicht verwandelt. Daher das Recht des Stärkeren, dem Schein nach ironisch aufgefaßtes Recht, tatsächlich jedoch zum Prinzip erhoben: aber wird man uns dieses Wort je erklären? Die Stärke ist eine physische Macht; ich sehe nicht, welche Moralität aus ihren Wirkungen hervorgehen kann. Der Stärke nachgeben ist ein Akt der Notwendigkeit, nicht des Willens; bestenfalls ein Akt der Klugheit. In welchem Sinne könnte es zur Pflicht werden?

Nehmen wir einen Moment lang an, es gäbe dieses angebliche Recht. Ich behaupte, aus ihm würde nichts weiter als ein unerklärbares Durcheinander entspringen. Denn sobald die Stärke Recht schafft, wechselt die Wirkung mit der Ursache: jede Gewalt, die der vorangegangenen überlegen ist, folgt ihr in ihrem Recht. Sobald man ungestraft den Gehorsam verweigern kann, kann man es auch mit Recht; da der Stärkere immer recht hat, muß man nur zusehen, der Stärkere zu sein. Was ist das aber für ein Recht, das erlischt, sobald die Stärke verschwindet? Wenn man aus Zwang gehorchen muß, braucht man es nicht aus Pflicht, wenn man nicht mehr zu gehorchen gezwungen ist, braucht man es auch nicht. Man sieht also, daß das Wort Recht der Stärke nichts hinzufügt; es ist hier völlig bedeutungslos.

Gehorcht den Mächtigen! Wenn das heißt: Weicht der Gewalt, ist die Vorschrift gut, aber überflüssig. Ich stehe dafür, daß sie nic verletzt werden wird. Alle Macht kommt von Gott, ich gebe es zu, aber jede Krankheit auch. Heißt das, es ist verboten, den Arzt zu rufen? Überrascht mich ein Räuber im Walde, muß ich ihm gezwungenermaßen meine Börse geben; wenn ich sie ihm aber vorenthalten kann, verpflichtet mich dann mein Gewissen, sie ihm zu geben? Schließlich ist seine Pistole auch eine Macht.

Kommen wir also überein, daß Stärke nicht Recht stiftet und daß man nur rechtmäßigen Mächten zu gehorchen gezwungen ist. So taucht meine erste Frage wieder auf.

IV. KAPITEL
Von der Sklaverei

Da kein Mensch eine natürliche Autorität über seinesgleichen hat und die Stärke keinerlei Recht stiftet, bleiben die Übereinkünfte als Grundlage jeglicher legitimen Autorität unter den Menschen.

Wenn ein einzelner, sagt Grotius, seine Freiheit veräußern und sich zum Sklaven eines Herrn machen kann, warum sollte dann nicht ein ganzes Volk die seinige veräußern und sich einem König untertan machen können? Hier ist manches zweideutige Wort, das zu erklären wäre, bleiben wir bei *veräußern [aliéner]*. Veräußern heißt verschenken oder verkaufen. Ein Mensch, der sich zum Sklaven eines anderen macht, verschenkt sich nicht, bestenfalls verkauft er sich für seinen Unterhalt: aber wofür sollte sich ein Volk verkaufen? Weit entfernt, daß ein König seinen Untertanen ihren Unterhalt liefert, bezieht er seinen nur von ihnen; und nach Rabelais lebt ein König nicht von wenig. Die Untertanen geben also ihre Person, unter der Bedingung, daß man ihnen auch noch ihr Hab und Gut nimmt? Ich sehe nicht, was sie noch bewahren könnten.

Man wird einwenden, der Despot sichere seinen Untertanen die bürgerliche Ruhe. Mag sein: aber was gewinnen sie dabei, wenn die Kriege, die sein Ehrgeiz auf sie zieht, wenn seine unersättliche Habgier, wenn die Kränkungen seiner Regierung sie mehr in Verzweiflung treiben, als es je ihre Zwistigkeiten könnten? Was gewinnen sie dabei, wenn diese Ruhe selbst Teil ihres Unglücks wird? Auch in Kerkern lebt man ruhig; genügt das, sich in ihnen wohl zu fühlen? Die in der Höhle des Zyklopen eingesperrten Griechen lebten dort ruhig, bis sie an der Reihe waren, verschlungen zu werden.

Zu sagen, ein Mensch verschenke sich grundlos, ist absurd und unbegreiflich. Eine solche Handlung ist illegitim und nichtig schon allein deswegen, weil derjenige, der das tut, nicht bei Verstand ist. Das gleiche von einem ganzen Volk behaupten heißt ein Volk von Verrückten voraussetzen: Wahn aber stiftet kein Recht.

Wenn auch jeder sich selbst veräußern könnte, könnte er seine Kinder nicht veräußern. Sie werden als Menschen und frei geboren; ihre Freiheit gehört ihnen, niemand außer ihnen selbst hat das Recht, über sie zu verfügen. Ehe sie das Alter der Vernunft erreicht haben, kann der Vater in ihrem Namen Abmachungen für ihre Erhaltung, für ihr Wohlbefinden treffen, sie aber nicht unwiderruflich und bedingungslos weggeben. Ein derartiges Geschenk stünde im Widerspruch zu den Zwecken der Natur und überstiege die väterlichen Rechte. Um eine willkürliche Regierung zu legitimieren, müßte das Volk sie in jeder Generation anerkennen oder Herr darüber sein, sie zu verwerfen: dann aber wäre diese Regierung nicht mehr willkürlich.

Auf seine Freiheit verzichten heißt auf seine Qualität als Mensch, auf die Rechte des Menschseins, sogar auf seine Pflichten verzichten. Es gibt keine mögliche Entschädigung für den, der auf alles verzichtet. Ein solcher Verzicht ist mit der Natur des Menschen unvereinbar, und man nimmt seinen Taten jede Moralität, wenn seinem Willen jede Freiheit genommen wird. Es ist eine sinnlose und widersprüchliche Übereinkunft, auf der einen Seite eine absolute Autorität und auf der anderen einen grenzenlosen Gehorsam zu setzen. Ist es nicht klar, daß man dem gegenüber zu nichts verpflichtet ist, von dem man alles zu verlangen das Recht hat? Zieht diese einzige Bedingung, ohne Äquivalent, ohne Gegenleistung, nicht die Nichtigkeit des Akts nach sich? Denn welches Recht könnte mein Sklave gegen mich geltend machen, da alles, was er hat, mir gehört, also sein Recht mein Recht ist, dieses Recht gegen mich selber jedoch ein sinnleeres Wort ist?

Grotius und andere leiten aus dem Krieg einen weiteren Ursprung des angeblichen Rechts auf Sklaverei ab. Da ihrer Meinung nach der Sieger das Recht hat, den Besiegten zu töten, kann dieser auf Kosten seiner Freiheit sein Leben erkaufen; eine um so legitimere Übereinkunft, als sie beiden zum Vorteil gereicht.

Aber es leuchtet ein, daß dieses angebliche Recht, die Besiegten zu töten, in keiner Weise aus dem Kriegszustand hervorgeht. Allein dadurch, daß die Menschen in ihrer ursprünglichen Unabhängigkeit keine ausreichend beständigen Beziehungen untereinander haben, um einen Friedens- oder Kriegszustand herbeizuführen, sind sie nicht von Natur aus Feinde. Die sachlichen, nicht die menschlichen Beziehungen bringen den Krieg hervor, und da der Kriegszustand nicht aus einfachen persönlichen, sondern nur aus materiellen Beziehungen entstehen kann, ist der private Krieg oder der Krieg von Mensch zu Mensch weder im Naturzustand, wo es kein ständiges Eigentum gibt, noch im gesellschaftlichen Zustand, wo alles unter der Autorität der Gesetze steht, möglich.

Einzelkämpfe, Duelle und Zusammenstöße sind zeitweilige Handlungen, und die Privatfehden, die unter Ludwig IX. von Frankreich erlaubt und durch den Gottesfrieden aufgehoben waren, sind Mißbräuche der Feudalherrschaft, des absurdesten Systems, das es je gab, den Prinzipien des Naturrechts und jeder guten Politik *[politie]* zuwider.

Der Krieg ist also keine Beziehung von Mensch zu Mensch, sondern eine Beziehung von Staat zu Staat, in der die einzelnen nur akzidentell Feinde sind, nicht als Menschen und noch nicht einmal als Staatsbürger, sondern als Soldaten; nicht als Mitglieder des Vaterlandes, sondern als seine Verteidiger. Jeder Staat kann schließlich nur andere Staaten zu Feinden haben und nicht Menschen, da man zwischen Dingen verschiedener Natur keine wirkliche Beziehung herstellen kann.

Dieses Prinzip stimmt sogar mit den zu allen Zeiten aufgestellten Grundsätzen und der ständigen Praxis aller zivilisierten Völker überein. Kriegserklärungen sind weniger Warnungen an die

Mächte als an ihre Untertanen. Der Fremde, ob König, ob Privatmann, ob Volk, der, ohne dem Fürsten den Krieg zu erklären, dessen Untertanen raubt, tötet oder gefangenhält, ist kein Feind, sondern ein Räuber. Sogar mitten im Krieg bemächtigt sich ein gerechter Fürst in Feindesland alles öffentlichen Eigentums, aber verschont Person sowie Hab und Gut der einzelnen. Er achtet Rechte, auf denen seine eigenen begründet sind. Da der Zweck des Krieges die Zerstörung des feindlichen Staates ist, hat man das Recht, dessen Verteidiger zu töten, solange sie Waffen in den Händen haben; sobald sie sie jedoch niederlegen und sich ergeben, hören sie auf, Feinde oder Werkzeuge des Feindes zu sein, sie werden einfach wieder Menschen, und man hat kein Recht mehr über ihr Leben. Manchmal kann man den Staat vernichten, ohne einen einzigen seiner Angehörigen zu töten: der Krieg verleiht also keinerlei Recht, das nicht zu seinem Zweck notwendig ist. Diese Prinzipien teilt Grotius nicht; sie beruhen eben nicht auf Poetenansichten, sondern entspringen der Natur der Dinge und gründen auf Vernunft.

Das Recht zur Eroberung hat keine andere Grundlage als das Gesetz des Stärkeren. Wenn der Krieg dem Sieger nicht das Recht gibt, die besiegten Völker abzuschlachten, kann dieses Recht, das er nicht hat, nicht jenes begründen, sie zu unterjochen. Nur dann hat man das Recht, den Feind zu töten, wenn man ihn nicht zum Sklaven machen kann; das Recht, ihn zum Sklaven zu machen, geht demnach nicht aus dem Recht hervor, ihn zu töten. Es ist also ein unbilliger Tausch, ihn sein Leben, über das man kein Recht hat, mit seiner Freiheit erkaufen zu lassen. Leuchtet es nicht ein, daß man in einen Teufelskreis gerät, wenn man das Recht über Leben und Tod auf das Recht der Sklaverei gründet und das Recht der Sklaverei auf das Recht über Leben und Tod?

Selbst wenn ich dieses schreckliche Recht, alles zu töten, voraussetze, sage ich, daß ein im Krieg gemachter Sklave oder ein erobertes Volk seinem Herrn gegenüber zu nichts verpflichtet ist und nur zu gehorchen hat, solange er oder es dazu gezwungen ist. Da der Sieger ihm ein Äquivalent seines Lebens nimmt, hat er es ihm nicht geschenkt: statt ihn ohne Gewinn zu töten, hat er ihn nutzbringend umgebracht. Weit davon entfernt, über ihn eine mit der Gewalt verbundene Autorität erlangt zu haben, läßt er den Kriegszustand zwischen ihnen weiter bestehen, ihre Beziehung selbst ist dessen Wirkung, und die Ausübung des Kriegsrechtes setzt keinerlei Friedensvertrag voraus. Sie haben eine Übereinkunft getroffen, mag sein: aber die Übereinkunft beendet den Kriegszustand nicht, sie setzt im Gegenteil sein Fortbestehen voraus.

Wie man die Dinge auch betrachtet, das Recht der Sklaverei ist nichtig, nicht nur weil es illegitim ist, sondern weil es absurd und bedeutungslos ist. Die Wörter *Sklaverei* und *Recht* stehen im Widerspruch; sie schließen sich gegenseitig aus. Ob von Mensch zu Mensch oder von einem Menschen zu einem Volk, der folgende Diskurs wird stets ohne Sinn sein: *Ich treffe mit dir eine Übereinkunft ganz zu deinen Lasten und ganz zu meinem Nutzen, die ich einhalten werde, solange es mir gefällt, und die du einhalten wirst, solange es mir gefällt.*

V. KAPITEL

Dass man immer zu einer ersten Übereinkunft zurückgehen muss

Würde ich auch allem zustimmen, was ich bisher widerlegt habe, die Verteidiger des Despotismus wären kein Stück weiter. Es wird stets ein großer Unterschied zwischen der Unterwerfung einer Menge und dem Regieren einer Gesellschaft bestehenbleiben. Mögen verstreute Menschen, in welcher Zahl auch immer, nach und nach einem einzigen unterworfen werden, ich sehe nur einen Herren und Sklaven, kein Volk und sein Oberhaupt. Das mag eine Anhäufung sein, aber keine Assoziation; sie kennt weder öffentliches Wohl noch einen politischen Körper. Hätte dieser Mensch auch die halbe Welt unterworfen, er bleibt ein einzelner, und sein Interesse, von dem der anderen getrennt, bleibt Privatinteresse. Stirbt er, bleibt sein Reich zerstreut und bindungslos, wie eine Eiche sich auflöst und zu Asche zerfällt, nachdem das Feuer sie verzehrt hat. Ein Volk könne sich einem König schenken, sagt Grotius. Nach ihm ist ein Volk also bereits ein Volk, bevor es sich einem König schenkt. Diese Schenkung selbst ist ein staatsbürgerlicher Akt; er setzt eine öffentliche Beratung voraus. Ehe man also den Akt prüft, durch den ein Volk einen König wählt, sollte man erst den Akt prüfen, durch den ein Volk ein Volk wird. Da dieser Akt notwendigerweise dem anderen vorausgeht, ist er die wahre Grundlegung der Gesellschaft.

Gäbe es keine vorausgehende Übereinkunft, wo käme dann – außer bei einstimmiger Wahl – die Pflicht der Minderheit her, sich der Entscheidung der Mehrheit zu unterwerfen? Und woher haben hundert, die einen Herren wollen, das Recht, für zehn zu stimmen, die keinen wollen? Das Gesetz der Stimmenmehrheit ist selbst eine Übereinkunft und setzt wenigstens einmal Einstimmigkeit voraus.

VI. KAPITEL
Vom Gesellschaftsvertrag

Ich setze voraus, die Menschen sind an jenem Punkt angekommen, wo der Widerstand jener Hindernisse, die ihre Erhaltung im Naturzustand gefährden, die Kräfte übersteigt, die jedes Individuum aufbringen kann, um in diesem Zustand zu verbleiben. Dieser ursprüngliche Zustand kann dann nicht mehr fortdauern, und die menschliche Gattung ginge unter, änderte sie nicht ihre Seinsweise.

Da die Menschen aber nicht neue Kräfte hervorbringen, sondern nur vorhandene vereinigen und lenken können, bleibt ihnen kein anderes Mittel, sich zu erhalten, als durch Zusammenschluß eine Summe von Kräften zu bilden, die den Widerstand zu besiegen vermag. Sie müssen diese Kräfte aus einem gemeinsamen Beweggrund einsetzen und im Gleichklang wirken lassen.

Diese Summe von Kräften kann nur aus dem Zusammenwirken mehrerer entstehen: da jedoch die Kraft und die Freiheit jedes Menschen die ersten Werkzeuge seiner Erhaltung sind, wie kann er sie einsetzen, ohne sich zu schaden und die Sorge zu vernachlässigen, die er sich selbst schuldet? Diese Schwierigkeit läßt sich, wendet man sie auf mein Thema an, in folgenden Worten ausdrücken:

»Es ist eine Form der Assoziation zu finden, die mit der ganzen gemeinsamen Kraft die Person und die Habe jedes Assoziierten verteidigt und schützt und durch die jeder, mit allen vereint, dennoch nur sich selbst gehorcht und so frei bleibt wie zuvor.« Das ist das Grundproblem, das der Gesellschaftsvertrag löst.

Die Klauseln dieses Vertrages sind durch die Natur des Akts so genau determiniert, daß die geringste Änderung sie nichtig und wirkungslos machen würde. Obwohl vielleicht niemals eindeutig formuliert, sind sie überall dieselben, überall werden sie stillschweigend angenommen und anerkannt, bis der Gesellschaftsvertrag verletzt wird und jeder in seine ursprünglichen Rechte zurücktritt, seine natürliche Freiheit wiedererlangt und die auf Übereinkunft beruhende Freiheit verliert, für die er auf jene verzichtet hatte.

Diese Klauseln lassen sich, richtig verstanden, alle auf eine einzige zurückführen, nämlich auf die völlige Übereignung *[aliénation]* eines jeden Assoziierten mit allen seinen Rechten an die Gemeinschaft: da sich jeder ganz übereignet, ist die Bedingung für alle gleich; und da die Bedingung die gleiche für alle ist, hat niemand daran Interesse, sie für die anderen drückend zu machen.

Da ferner die Übereignung ohne Einschränkung geschieht, ist die Vereinigung so vollkommen, wie sie nur sein kann, und kein Assoziierter kann weitere Ansprüche stellen. Denn blieben den einzelnen irgendwelche Rechte, wäre jeder, da kein gemeinsamer Höherer zwischen ihm und der Öffentlichkeit entscheiden könnte, gewissermaßen sein eigener Richter und würde bald beanspruchen, es in allem zu sein; der Naturzustand würde fortdauern, und die Assoziation würde notwendigerweise tyrannisch oder hinfällig werden.

Indem schließlich jeder sich allen gibt, gibt er sich niemandem, und da man über jeden Assoziierten das gleiche Recht erwirbt, das man ihm über sich selbst gewährt, gewinnt man das Äquivalent all dessen, was man verliert, und mehr Kraft, das zu bewahren, was man hat.

Grenzt man also vom Gesellschaftsvertrag aus, was nicht zu seinem Wesen gehört, ist er auf folgende Worte zu reduzieren: *Jeder von uns unterstellt gemeinschaftlich seine Person und seine ganze Kraft der höchsten Leitung des Gemeinwillens, und wir empfangen als Körper jedes Glied als untrennbaren Teil des Ganzen.*

Dieser Assoziierungsakt bringt sofort anstelle der besonderen Person eines jeden Vertragschließenden einen moralischen und kollektiven Körper hervor, der aus ebenso vielen Mitgliedern besteht, wie die Versammlung Stimmen hat, und der durch ebendiesen Akt seine Einheit, sein gemeinsames *Ich*, sein Leben und seinen Willen erhält. Diese öffentliche Person, die auf diese Weise aus der Vereinigung aller anderen entsteht, nannte sich früher *Stadtstaat [Cité*[1]*]*, heute *Republik* oder *politischer Körper*. Er wird von seinen Mitgliedern *Staat* genannt, wenn er passiv, *Souverän*, wenn er aktiv ist, *Macht*, wenn er mit seinesgleichen verglichen wird. Die Assoziierten nehmen kollektiv den Namen *Volk* an, sie nennen sich als einzelne Staatsbürger *[Citoyens]*, sofern sie an der souveränen Gewalt teilhaben, und Untertanen *[Sujets]* als den Gesetzen des Staates unterworfen. Aber die Bezeichnungen werden oft verwechselt und füreinander genommen; man muß sie unterscheiden können, wenn sie in ihrer genauen Bedeutung verwandt werden.

VII. KAPITEL
Vom Souverän

Aus obiger Formulierung erkennt man, daß der Akt der Assoziierung eine wechselseitige Verpflichtung zwischen der Öffentlichkeit und den einzelnen einschließt und daß jedes Individuum, indem es gewissermaßen mit sich selbst einen Vertrag schließt, sich in zweifacher Beziehung verpflichtet sieht: einmal als Mitglied des Souveräns gegenüber den einzelnen und als Mitglied des Staates gegenüber dem Souverän. Allerdings darf man hier nicht

[1] Der wahre Sinn dieses Wortes ist bei den Modernen fast vollständig in Vergessenheit geraten; die meisten halten eine Stadt für einen Stadtstaat *[Cité]* und einen Bürger *[bourgeois]* für einen Staatsbürger *[Citoyen]*. Sie wissen nicht, daß die Häuser die Stadt bilden, aber die Staatsbürger *[Citoyens]* den Stadtstaat *[Cité]*. Derselbe Irrtum kam einst den Karthagern teuer zu stehen. Ich habe nicht gelesen, daß der Titel *Cives* jemals den Untertanen irgendeines Fürsten gegeben worden ist, weder in alten Zeiten bei den Makedoniern noch heute bei den Engländern, obgleich sie der Freiheit näher stehen als alle anderen. Nur die Franzosen gebrauchen ganz ungezwungen die Bezeichnung *Citoyen*, weil sie keine richtige

den Grundsatz des Zivilrechts anwenden, nach dem niemand an Verpflichtungen gebunden ist, die er mit sich selber eingegangen ist; denn es besteht ein großer Unterschied zwischen einer Verpflichtung sich selbst gegenüber und der gegenüber einem Ganzen, dem man als Teil angehört.

Ferner ist zu bemerken, daß der öffentliche Beschluß, der alle Untertanen gegenüber dem Souverän zu verpflichten vermag, wegen der beiden verschiedenen Beziehungen, unter denen sie betrachtet werden, aus entgegengesetztem Grunde den Souverän nicht gegenüber sich selbst verpflichten kann. Folglich ist es wider die Natur des Staatskörpers, daß der Souverän sich ein Gesetz auferlegt, das er nicht verletzen könnte. Da er sich nur in einer einzigen Beziehung betrachten kann, ist er in der Lage eines einzelnen, der mit sich selbst einen Vertrag schließt. Daraus ersieht man, daß es kein bindendes Grundgesetz für den Volkskörper gibt noch geben kann, nicht einmal den Gesellschaftsvertrag. Das bedeutet nicht, dieser Körper könne sich nicht durchaus gegen anderswen verpflichten, sofern es nicht gegen diesen Vertrag verstößt; denn dem Fremden gegenüber wird er wieder ein einfaches Wesen, ein Individuum.

Der politische Körper oder der Souverän aber, der sein Sein nur aus der Heiligkeit des Vertrages herleitet, kann sich niemals, selbst gegenüber einem anderen, zu etwas verpflichten, das diesen ursprünglichen Vertrag verletzt, etwa einen Teil seiner selbst veräußern oder sich einem anderen Souverän unterwerfen. Den Akt verletzen, durch den er existiert, hieße sich selbst vernichten; und nichts bringt nichts hervor.

Sobald diese Vielzahl dergestalt in einem Körper vereint ist, kann man keines seiner Mitglieder verletzen, ohne den Körper anzugreifen; noch weniger den Körper verletzen, ohne daß die

Vorstellung von ihr haben, wie man aus ihren Wörterbüchern ersehen kann. Sie würden ja, indem sie es für sich beanspruchen, das Verbrechen der Majestätsbeleidigung begehen: dieses Wort drückt bei ihnen eine Tugend und kein Recht aus. Als Bodin von unseren *Citoyens* und *Bourgeois* sprach, unterlief ihm ein grober Irrtum, indem er beide verwechselte. D'Alembert hat sich dagegen nicht geirrt und in seinem Artikel *Genève* (Genf) die vier Stände (sogar fünf, die Fremden mitgezählt) in unserer Stadt unterschieden, von denen nur zwei die Republik bilden. Kein anderer französischer Autor hat meines Wissens den wahren Sinn des Wortes *Citoyen* verstanden.

Mitglieder sich getroffen fühlen. Pflicht und Interesse verpflichten so beide vertragschließenden Seiten gleichermaßen, sich gegenseitig zu helfen; und dieselben Menschen müssen in dieser doppelten Beziehung alle Vorteile zu vereinigen suchen, die sich aus ihr ergeben.

Da der Souverän nur aus den einzelnen, die ihn zusammensetzen, besteht, kann er kein Interesse verfolgen, das ihrem entgegengesetzt ist. Folglich bedarf die souveräne Macht keines Garanten gegenüber den Untertanen, denn es ist unmöglich, daß der Körper allen seinen Mitgliedern schaden möchte, und wir werden im folgenden sehen, daß er keinem im besonderen schaden kann. Der Souverän ist allein dadurch, daß er ist, immer all das, was er sein soll.

Anders verhält es sich jedoch mit den Untertanen gegenüber dem Souverän, denn trotz des gemeinsamen Interesses würde nichts ihm für die Einhaltung ihrer Verpflichtungen bürgen, fände er nicht Mittel, sich ihrer Treue zu versichern.

In der Tat kann jedes Individuum als Mensch einen besonderen Willen haben, der dem Gemeinwillen, den er als Staatsbürger hat, entgegengesetzt ist oder von ihm abweicht. Sein besonderes Interesse kann von ihm ganz anderes fordern als das gemeinsame Interesse; seine absolute und von Natur aus unabhängige Existenz kann ihm das, was er der gemeinsamen Sache schuldet, als grundlosen Beitrag erscheinen lassen, dessen Verlust für die anderen weniger schädlich ist, als ihm die Begleichung teuer ankommt. Betrachtet man die moralische Person, die den Staat ausmacht, als ein Vernunftwesen, weil sie eben nicht ein Mensch ist, käme er in den Genuß der Rechte des Staatsbürgers, ohne die Pflichten des Untertanen erfüllen zu wollen; eine Ungerechtigkeit, deren Fortschreiten den Staatskörper zerstören würde.

Damit der Gesellschaftsvertrag kein leeres Formelwerk bleibt, muß er darum stillschweigend die Verpflichtung einschließen, die allein den anderen Gewicht verleiht: jedweder, der dem Gemeinwillen den Gehorsam verweigert, wird vom ganzen Körper dazu gezwungen werden. Das heißt nichts anderes, als daß man ihn zwingen wird, frei zu sein; denn diese Bedingung, durch die jeder Staatsbürger sich dem Vaterland übergibt, schützt ihn vor jeder persönlichen Abhängigkeit. Sie macht den Bau und das Spiel der

Staatsmaschine aus, sie allein legitimiert die staatsbürgerlichen Verpflichtungen, die ohne sie absurd, tyrannisch und gröbsten Mißbräuchen ausgesetzt wären.

VIII. KAPITEL
Vom Gesellschaftszustand

Der Übergang vom Naturzustand zum Gesellschaftszustand bringt im Menschen eine sehr bemerkenswerte Veränderung hervor: in seinem Verhalten tritt die Gerechtigkeit an die Stelle des Instinkts und verleiht seinen Taten die Moralität, die ihnen vorher fehlte. Jetzt erst, da die Stimme der Pflicht den körperlichen Trieb und das Recht die Begierde verdrängt, sieht sich der Mensch, der bis daher nur an sich selbst gedacht hatte, gezwungen, nach anderen Prinzipien zu handeln und seine Vernunft zu befragen, bevor er seinen Neigungen folgt. Obwohl er in diesem Zustand auf mehrere von Natur gegebene Vorteile verzichtet, gewinnt er dafür größere; seine Fähigkeiten üben und entwickeln sich, seine Gedanken werden weiter, seine Gefühle edler, seine ganze Seele erhebt sich zu solcher Höhe, daß er, zögen ihn die Mißbräuche des neuen Zustands nicht oft noch unter den hinab, aus dem er herausgetreten ist, unaufhörlich den glücklichen Augenblick preisen müßte, der ihn für immer dem Naturzustand entriß und aus einem dummen, beschränkten Tier ein intelligentes Wesen und einen Menschen machte.

Führen wir den Vergleich auf einige leicht einsehbare Punkte zurück. Der Mensch verliert durch den Gesellschaftsvertrag seine natürliche Freiheit und ein unbegrenztes Recht auf alles, was ihn reizt und was er erreichen kann. Er gewinnt die bürgerliche Freiheit und das Eigentumsrecht auf alles, was er besitzt. Um diesen Ausgleich richtig zu würdigen, muß man zwischen natürlicher, nur von den Kräften des Individuums begrenzter und bürgerlicher, vom Gemeinwillen begrenzter Freiheit genau unterscheiden; ebenso zwischen dem Besitz, der nur die Wirkung der Stärke oder das Recht des ersten Besitzergreifenden ist, und dem Eigentum, das nur auf einem positiven Rechtstitel begründet werden kann.

Man könnte zu den Gewinnen des Gesellschaftszustandes außerdem noch die moralische Freiheit hinzufügen, die allein den Menschen zum Herren über sich selbst macht; denn der Trieb der reinen Begierde ist Sklaverei, Gehorsam gegen das Gesetz, das man sich selbst gegeben hat, ist Freiheit. Doch habe ich darüber schon allzuviel gesagt, und der philosophische Sinn des Wortes *Freiheit* gehört hier nicht zu meinem Gegenstand.

IX. KAPITEL
Vom Sacheigentum

Jedes Mitglied übergibt sich der Gemeinschaft in dem Augenblick, da sie sich herausbildet, so wie er sich gerade befindet, mit allen seinen Kräften, zu denen auch seine Besitztümer gehören. Durch diesen Akt ändert sich nicht die Natur des Besitzes, weil er in andere Hände übergeht, er wird nicht Eigentum des Souveräns. Da aber die Kräfte des Gemeinwesens *[Cité]* unvergleichlich größer sind als die eines einzelnen, ist auch der öffentliche Besitz faktisch stärker und unwiderruflicher, wenn auch nicht, wenigstens den Fremden gegenüber, legitimer. Denn der Staat ist in bezug auf seine Mitglieder Herr aller ihrer Güter, und zwar durch den Gesellschaftsvertrag, der im Staat als Grundlage aller Rechte dient; anderen Mächten gegenüber ist er es nur durch das Recht des ersten Besitzergreifenden, das ihm die einzelnen gewähren.

Obwohl das Recht des ersten Besitzergreifenden wirklicher ist als das Recht des Stärkeren, wird es erst durch die Errichtung des Eigentumsrechts ein wirkliches Recht. Jeder Mensch hat von Natur aus ein Recht auf alles, was für ihn notwendig ist; aber der positive Akt, der ihn zum Eigentümer eines Gutes macht, schließt ihn von allem übrigen aus. Hat er seinen Teil erhalten, muß er sich auf ihn beschränken und hat keinen Anspruch mehr auf die Gemeinschaft. Deshalb wird das im Naturzustand so schwache Recht des ersten Besitzergreifenden von jedem in Gesellschaft lebenden Menschen *[homme civil]* geachtet. In diesem Recht achtet man weniger, was anderen gehört, als was man selbst nicht sein eigen nennt.

Um das Recht des ersten Besitzergreifenden auf ein Stück

Land zu begründen, müssen im allgemeinen folgende Bedingungen erfüllt sein. Erstens, das Land darf noch von niemandem bewohnt sein; zweitens, man darf nur so viel in Besitz nehmen, wie man zur Selbsterhaltung braucht; drittens, man soll es nicht durch eine leere Zeremonie, sondern durch Arbeit und Pflege in Besitz nehmen, das einzige Zeichen von Eigentum, das mangels juristischer Titel von anderen geachtet werden muß.

Geht man nicht an die Grenzen des Möglichen, wenn man dem Bedürfnis und der Arbeit das Recht des ersten Besitzergreifenden zuspricht? Kann man dieses Recht unbeschränkt gelten lassen? Genügt es, den Fuß auf Gemeinboden zu setzen, um sich sogleich zu seinem Herrn zu erklären? Genügt es, so stark zu sein, daß man einen Augenblick lang die anderen Menschen beiseite drängt, um ihnen für alle Zeiten das Recht der Rückkehr zu nehmen? Wie kann sich ein Mensch oder ein Volk anders als durch eine strafwürdige Usurpation eines riesigen Territoriums bemächtigen und es der ganzen menschlichen Gattung entziehen, da hierdurch den übrigen Menschen Raum und Nahrungsmittel geraubt werden, die die Natur ihnen gemeinschaftlich gibt? Als Núñez Balboa im Namen der Krone von Kastilien von der Küste aus das Südmeer und ganz Südamerika in Besitz nahm, reichte das aus, um alle Bewohner zu enteignen und alle anderen Fürsten der Welt auszuschließen? Auf dieser Ebene wiederholten sich derlei Zeremonien recht häufig, aber vergeblich, und der katholische König brauchte nur von seinem Kabinett aus mit einem Male das ganze Universum in Besitz zu nehmen und davon das abzutrennen, was andere Fürsten schon vorher besessen hatten.

So begreift man, wie die vereinigten und angrenzenden Privatländereien zum Staatsgebiet werden und wie das Recht der Souveränität, indem es sich von den Untertanen auf das von ihnen besetzte Land ausdehnt, zugleich sachlich und persönlich wird. Das bringt die Besitzenden in eine größere Abhängigkeit, und ihre Stärke selbst wird zum Garanten ihrer Treue. Diesen Vorteil scheinen die alten Monarchen nicht wahrgenommen zu haben. Sie schienen sich mehr als Oberhäupter der Menschen denn als Herren des Landes zu betrachten, nannten sie sich doch nur König der Perser, der Skythen, der Makedonier. Die heutigen nennen sich geschickter König von Frankreich, von Spanien, England usw. Indem sie das Land beherrschen, sind sie sicher, die Einwohner zu beherrschen.

Eigenartig bei dieser Veräußerung ist, daß die Gemeinschaft die einzelnen durch die Übernahme ihrer Güter keineswegs beraubt, sondern ihnen deren legitimen Besitz sichert, die Usurpation in ein wirkliches Recht und den Genuß in Eigentum verwandelt. Die Besitzer werden als Treuhänder des öffentlichen Besitzes betrachtet, ihre Rechte von allen Mitgliedern des Staates geachtet und mit allen Kräften gegen Fremde verteidigt. Durch eine Abtretung, die dem Gemeinwesen und mehr noch ihnen selbst zum Vorteil gereicht, haben sie sozusagen alles wiedererhalten, was sie gegeben haben. Dieses Paradox erklärt sich leicht durch die Unterscheidung zwischen den Rechten des Souveräns und denen des Eigentümers über den gleichen Landbesitz, wie wir im weiteren sehen werden.

Es kann auch vorkommen, daß die Menschen sich vereinen, ehe sie etwas besitzen, und dann sich eines für alle ausreichenden Landstückes bemächtigen, das sie gemeinsam nutzen oder unter sich teilen, sei es zu gleichen oder vom Souverän festgelegten Teilen. Wie sich der Erwerb auch vollzog, das Recht eines jeden einzelnen über seinen Landbesitz bleibt dem Recht der Gemeinschaft über alle stets untergeordnet, sonst gäbe es weder Festigkeit der gesellschaftlichen Bindungen noch wirkliche Macht in der Ausübung der Souveränität.

Ich schließe dieses Kapitel und dieses Buch mit einer Bemerkung, die jedem Gesellschaftssystem als Grundlage dienen muß. Statt die natürliche Gleichheit zu zerstören, setzt der Grundvertrag im Gegenteil an die Stelle der von Natur gegebenen physischen Ungleichheit der Menschen eine moralische und legitime Gleichheit: mögen sie auch in körperlicher oder geistiger Kraft ungleich sein, durch Übereinkunft und Recht werden sie alle gleich.[1]

[1] Unter schlechten Regierungen ist diese Gleichheit nur scheinbar und trügerisch; sie dient nur dazu, den Armen in seinem Elend und den Reichen in seinem widerrechtlich erlangten Besitz zu erhalten. In Wirklichkeit sind die Gesetze immer nur für die Besitzenden nützlich und für die Besitzlosen schädlich. Daraus folgt, daß den Menschen der gesellschaftliche Zustand *[l'état social]* nur so lange vorteilhaft ist, als alle etwas haben und keiner zuviel hat.

ZWEITES BUCH

I. KAPITEL

Die Souveränität ist unveräusserlich

Die erste und wichtigste Folgerung aus den bis jetzt dargestellten Prinzipien ist, daß allein der Gemeinwille die Kräfte des Staates dem Zweck seiner Gründung entsprechend lenken kann. Dieser Zweck ist das Gemeinwohl. Denn der Gegensatz der Einzelinteressen hat wohl die Errichtung von Gesellschaften nötig gemacht, doch erst die Übereinstimmung der gleichen Interessen hat sie ermöglicht. Das Gemeinsame innerhalb dieser verschiedenen Interessen bildet das gesellschaftliche Band, und gäbe es nicht manche Punkte, in denen alle Interessen übereinstimmen, könnte keine Gesellschaft existieren. Einzig und allein aus diesem gemeinsamen Interesse muß die Gesellschaft regiert werden.

Ich behaupte also, daß die Souveränität nie veräußert werden kann, weil sie nichts als die Ausübung des Gemeinwillens ist, und daß der Souverän ein kollektives Wesen ist, das nur durch sich selbst repräsentiert werden kann. Die Macht kann wohl übertragen werden, der Wille aber nicht.

Wenn es nämlich nicht unmöglich ist, daß ein Einzelwille in irgendeinem Punkte mit dem Gemeinwillen übereinstimmt, so ist es doch unmöglich, daß diese Übereinstimmung von Dauer und Bestand ist; denn seiner Natur nach strebt der Einzelwille nach Bevorzugungen, der Gemeinwille dagegen nach Gleichheit. Noch unmöglicher ist eine Garantie für diese Übereinstimmung, selbst wenn sie von Dauer wäre; sie wäre kein Ergebnis der Kunst, sondern des Zufalles. Der Souverän kann wohl sagen: Ich will jetzt, was dieser oder jener Mensch will oder doch zu wollen versichert; aber er kann nicht sagen: Was dieser Mensch morgen will, werde auch ich wollen, da es absurd ist, daß sich der Wille

Ketten für die Zukunft auferlegt, und da es nicht in der Gewalt irgendeines Willens steht, in etwas einzustimmen, was dem Wohle des wollenden Wesens widerspricht. Wenn das Volk also einfach zu gehorchen verspricht, löst es sich mit diesem Akt selbst auf und verliert die Qualität eines Volkes; sobald ein Herrscher da ist, gibt es keinen Souverän mehr, und damit ist der politische Körper vernichtet.

Das heißt nicht, daß die Befehle der Führer nicht als Gemeinwille gelten können, solange der Souverän frei ist, sich zu widersetzen, es jedoch nicht tut. In einem solchen Fall muß man aus dem allgemeinen Schweigen auf die Zustimmung des Volkes schließen. Das wird ausführlicher zu erklären sein.

II. KAPITEL

Die Souveränität ist unteilbar

Aus demselben Grund, aus dem die Souveränität unveräußerlich ist, ist sie auch unteilbar. Denn der Wille ist allgemein,[1] oder er ist es nicht; er ist der Wille des ganzen Volkskörpers oder nur eines Teils. Im ersten Falle ist diese Willenserklärung ein Akt der Souveränität und hat Gesetzeskraft. Im zweiten ist er nur Einzelwille, d.h. ein Verwaltungsakt, allenfalls ein Erlaß.

Da unsere Politiker die Souveränität nicht in ihrem Prinzip teilen können, teilen sie sie in ihrem Objekt: Sie teilen sie in Kraft und Willen, in legislative und exekutive Gewalt, in Steuerrecht, Justiz und Kriegsrecht, in innere Verwaltung und auswärtige Angelegenheiten. Manchmal vermengen sie alle diese Teile, manchmal trennen sie sie. Sie machen aus dem Souverän ein phantastisches und zusammengestückeltes Wesen; es ist, als ob sie den Menschen aus mehreren Körpern zusammensetzen wollten, von denen der eine nur Augen, der andere nur Arme, der dritte nur Füße und sonst weiter nichts hätte. Die Gaukler in Japan, erzählt man, zerstückeln vor den Augen der Zuschauer ein Kind, werfen seine Glieder nacheinander in die Luft und lassen dann das Kind

[1] Damit der Wille ein allgemeiner sei, ist nicht immer Einstimmigkeit erforderlich, dagegen ist die Zählung sämtlicher Stimmen notwendig; jeder formelle Ausschluß hebt die Allgemeinheit auf.

wieder lebendig und mit heilen Gliedern herabfallen. Der Art sind ungefähr die Taschenspielerkünste unserer Politiker; nachdem sie den Gesellschaftskörper durch Gaukeleien, die jahrmarktwürdig sind, zerlegt haben, setzen sie, man weiß nicht wie, die Stücke wieder zusammen.

Dieser Irrtum beruht auf ihren ungenauen Vorstellungen von der souveränen Gewalt und darauf, daß sie als Teile derselben ansehen, was nur ihre Entäußerungen sind. So hat man beispielsweise Kriegserklärungen und Friedensschlüsse für Akte der Souveränität angesehen, was sie keineswegs sind, da keiner dieser Akte ein Gesetz, sondern lediglich die Anwendung des Gesetzes ist, ein besonderer Akt, der gesetzliche Bestimmungen zur Geltung bringt, wie wir deutlich sehen werden, sobald der mit dem Wort *Gesetz* verbundene Begriff definiert sein wird.

Bei ähnlicher Prüfung anderer Unterteilungen würde sich herausstellen, daß man jedesmal irrt, wenn man die Souveränität geteilt zu sehen glaubt. Die Rechte, die man für Teile dieser Souveränität hält, sind ihr sämtlich untergeordnet und setzen stets einen höchsten Willen voraus, den diese Rechte nur ausführen.

Wie sehr hat doch dieser Mangel an Genauigkeit die Darlegungen der Staatsrechtler verdunkelt, wenn sie über die jeweiligen Rechte der Könige und Völker nach den von ihnen aufgestellten Prinzipien urteilen. Jeder kann bei Grotius (1. Buch, Kapitel III und IV) sehen, wie sich dieser gelehrte Mann und sein Übersetzer Barbeyrac in ihren Sophismen verwickeln und verwirren, aus Furcht, über ihre Anschauungen zuviel oder zuwenig zu sagen und Interessen zu verletzen, die sie versöhnen sollten. Mit seinem Vaterlande unzufrieden, war Grotius nach Frankreich geflüchtet und wollte Ludwig XIII., dem sein Werk gewidmet ist, den Hof machen, deshalb tat er alles, um die Völker sämtlicher Rechte zu entkleiden und die Könige nach allen Regeln der Kunst damit auszustaffieren. Das mochte auch ganz nach dem Geschmack von Barbeyrac sein, der seine Übersetzung dem König Georg I. von England widmete. Leider nötigte ihn die Vertreibung Jacobs II., die er Abdankung nennt, auf der Hut zu sein, Winkelzüge und Ausflüchte zu machen, um Wilhelm nicht als Usurpator erscheinen zu lassen. Hätten beide Schriftsteller sich die wahren Prinzipien zu eigen gemacht, die Schwierigkeiten wären behoben gewesen, und sie hätten sich treu bleiben können. Allerdings hätten sie die traurige Wahrheit sagen und allein das Volk hofieren müssen. Die Wahrheit aber führt nicht zu Vermögen, und das Volk verleiht weder Gesandtschaften noch Lehrstühle noch Renten.

III. KAPITEL

Ob der Gemeinwille irren kann

Aus dem Vorhergehenden folgt, daß der Gemeinwille immer im Recht ist und immer auf das Gemeinwohl zielt; daraus folgt jedoch nicht, daß die Beschlüsse des Volkes immer richtig sind. Man will stets sein Bestes, erkennt es jedoch nicht immer. Das Volk läßt sich nie bestechen, aber oft hinters Licht führen, und nur dann scheint es zu wollen, was schlecht ist.

Oft besteht ein großer Unterschied zwischen dem Willen aller und dem Gemeinwillen; letzterer zielt nur auf das Gemeininteresse, ersterer auf das Einzelinteresse und ist nur die Summe von Einzelwillen. Zieht man aber von diesen die Extreme ab, die sich gegenseitig aufheben,[1] so bleibt als Summe der Differenzen der Gemeinwille übrig.

Gäbe es bei der Beschlußfassung eines hinlänglich unterrichteten Volkes zwischen den Staatsbürgern keinerlei Kommunikation, so würde aus der Vielzahl kleiner Differenzen stets der Gemeinwille hervorgehen, und der Beschluß wäre immer gut. Wenn sich aber Klüngel und partielle Assoziationen auf Kosten der großen bilden, wird der Wille jeder dieser Assoziationen ein Gemeinwille ihrer Mitglieder und dem Staate gegenüber ein einzelner. Man kann dann sagen, daß es nicht mehr so viele Stimmberechtigte wie Menschen gibt, sondern nur so viele wie Assoziationen. Die Differenzen werden an Zahl geringer und führen

[1] *Jedes Interesse,* sagt der Marquis d'Argenson, *baut auf anderen Grundsätzen auf. Die Übereinstimmung zweier besonderer Interessen geht aus dem Gegensatz zu einem dritten Interesse hervor.* Er hätte hinzufügen können, daß die Übereinstimmung aller Interessen aus dem Gegensatz zu dem eines jeden einzelnen hervorgeht. Gäbe es keine verschiedenen Interessen, würde man das gemeinsame Interesse, das nie auf Hindernisse stieße, kaum wahrnehmen: alles ginge ganz von selbst, und die Politik würde aufhören, eine Kunst zu sein.

zu einem weniger allgemeinen Ergebnis. Wenn schließlich eine dieser Assoziationen so groß ist, daß sie alle anderen überwiegt, ist das Ergebnis nicht mehr eine Summe kleiner Differenzen, sondern eine einzige Differenz; dann gibt es keinen Gemeinwillen mehr, und die Ansicht, die überwiegt, ist nur eine Einzelansicht.

Damit der Gemeinwille klar zum Ausdruck kommen kann, darf es im Staate keine partiellen Gesellschaften geben, und jeder Staatsbürger soll nur für seine eigene Überzeugung eintreten.[1] So war die vom großen Lykurg begründete einzigartige und erhabene Verfassung beschaffen. Gibt es aber partielle Gesellschaften, so muß man ihre Zahl vervielfachen und ihrer Ungleichheit vorbeugen, wie es Solon, Numa und Servius Tullius taten. Diese Vorsichtsmaßregeln sind die einzig richtigen, damit der Gemeinwille immer aufgeklärt ist und sich das Volk nicht irrt.

IV. KAPITEL

Von den Grenzen der souveränen Macht

Wenn der Staat oder die Stadt *[la Cité]* nur eine moralische Person ist, deren Leben in der Vereinigung ihrer Mitglieder besteht, und wenn ihre wichtigste Sorge ihrer eigenen Erhaltung gilt, braucht sie eine allgemeine und zwingende Kraft, um jeden Teil auf die dem Ganzen zweckmäßigste Weise zu bewegen und einzuordnen. Wie die Natur jedem Menschen unumschränkte Macht über alle seine Glieder verleiht, gibt der Gesellschaftsvertrag dem Staatskörper eine absolute Macht über all seine Glieder, und diese vom Gemeinwillen geleitete Macht wird, wie ich schon sagte, Souveränität genannt.

[1] *Vera cosa è,* sagt Machiavelli, *che alcune divisioni nuocono alle repubbliche, e alcune giovano: quelle nuocono che sono dalle sette e da partigiani accompagnate: quelle giovano che senza sette, senza partigiani, si mantengono. Non potendo adunque provedere un fundatore d'una repubblica che non siano nimicizie in quella, ha da preveder almeno che non vi siano sette.* (Hist. Florent., VII. Buch). *(Es ist wahr, daß manche Spaltungen den Republiken schaden und andere ihnen nützen: die von Sekten und Parteiungen begleiteten schaden ihnen; jene ohne Sekten, ohne Parteiungen nützen ihnen. Kann der Gründer einer Republik nicht verhindern, daß dabei Feindseligkeiten entstehen, muß er mindestens verhindern, daß daraus Sekten werden.)*

Außer der Person des Staates haben wir jedoch auch die einzelnen Personen zu betrachten, aus denen sie zusammengesetzt ist und deren Leben und Freiheit von Natur aus von ihr unabhängig sind. Wir müssen also zwischen den jeweiligen Rechten der Staatsbürger und denen des Souveräns[1] wohl unterscheiden, und ebenso zwischen den Pflichten, die erstere in ihrer Eigenschaft als Untertanen erfüllen müssen, und dem natürlichen Recht, das sie als Menschen genießen.

Man wird einräumen, daß durch den Gesellschaftsvertrag jeder von seiner Macht, seinem Hab und Gut und seiner Freiheit nur den Teil veräußert, der für die Gemeinschaft wichtig ist, aber auch, daß der Souverän allein über die Wichtigkeit befindet.

Alle Dienste, die ein Staatsbürger dem Staate zu leisten vermag, ist er ihm schuldig, sobald der Souverän sie verlangt. Der Souverän kann dagegen die Untertanen mit keiner der Gemeinschaft unnützen Fessel belasten, ja er kann es nicht einmal wollen: denn nach dem Gesetz der Vernunft geschieht nichts ohne Ursache, ebensowenig wie nach dem Gesetz der Natur.

Die Verpflichtungen, die uns an den Gesellschaftskörper binden, sind nur wegen ihrer Gegenseitigkeit zwingend, ihr Wesen ist der Art, daß man bei ihrer Erfüllung nicht für andere wirken kann, ohne auch für sich zu wirken. Warum ist der Gemeinwille immer im Recht, und warum wollen alle stets das Glück eines jeden, wenn nicht darum, weil es niemanden gibt, der nicht das Wort *jeder* auf sich bezieht und an sich selber denkt, wenn er für alle stimmt? Das beweist, daß die Rechtsgleichheit und die von ihr erzeugte Vorstellung von Gerechtigkeit aus jedermanns Bevorzugung der eigenen Person und folglich aus der menschlichen Natur entspringen; daß ferner der wahre Gemeinwille in seinem Gegenstand wie in seinem Wesen allgemein sein muß; daß er von allen ausgehen muß, um für alle zu gelten, und daß er seine natürliche Richtigkeit verliert, sobald er nur nach einem individuellen und bestimmten Gegenstand strebt, weil wir dann etwas uns Fremdes beurteilen und von keinem wahrhaften Gerechtigkeitsprinzip geleitet werden.

[1] Aufmerksame Leser, seid, ich bitte euch, nicht voreilig, mich hier des Widerspruchs zu zeihen. Bei der Armut der Sprache konnte ich ihn im Ausdruck nicht vermeiden; aber geduldet euch.

Sobald es nämlich um ein Ereignis oder ein Sonderrecht in einem noch nicht durch eine vorangegangene und allgemeine Übereinkunft geregelten Punkte geht, wird die Sache streitig. Es liegt dann ein Rechtsstreit vor, bei dem die interessierten einzelnen die eine und die Öffentlichkeit die andere Partei sind, ich jedoch weder das Gesetz sehe, das zu befolgen ist, noch den Richter, der das Urteil sprechen soll. Es wäre lächerlich, sich dann auf eine ausdrückliche Entscheidung des Gemeinwillens berufen zu wollen, die nur die Meinung der einen Partei sein kann und für die andere daher nur ein fremder Einzelwille ist, der in diesem Fall zur Ungerechtigkeit neigt und dem Irrtum unterworfen ist. Wie ein Einzelwille den Gemeinwillen nicht repräsentieren kann, verändert seinerseits der Gemeinwille seine Natur, sobald er ein partikulares Ziel verfolgt. Er kann, da allgemein, weder über einen Menschen noch über eine Sache entscheiden. Als beispielsweise die Athener ihre Führer ernannten oder absetzten, den einen auszeichneten, den anderen bestraften und durch zahllose Sonderdekrete unterschiedslos alle Regierungsgeschäfte regelten, hatte das Volk im eigentlichen Sinne keinen Gemeinwillen mehr; es handelte nicht mehr als Souverän, sondern als Beamter. Das steht scheinbar im Gegensatz zu verbreiteten Vorstellungen; man lasse mir Zeit, meine darzulegen.

Darunter ist zu verstehen, daß weniger die Zahl der Stimmen den Willen zu einem allgemeinen macht als vielmehr das gemeinsame Interesse, das sie vereinigt, denn bei dieser Institution unterwirft sich jeder notwendigerweise den Bedingungen, die er den anderen auferlegt: bewundernswerter Einklang des Interesses und der Gerechtigkeit, der den gemeinsamen Beschlüssen einen Charakter der Ausgewogenheit verleiht, die bei der Erörterung jeder Privatangelegenheit sichtlich verlorengeht, weil kein gemeinsames Interesse die Norm des Richters mit der der Partei in Einklang und Übereinstimmung bringt.

Von welcher Seite aus man auch auf das Prinzip zurückgeht, stets gelangt man zum gleichen Schluß: Der Gesellschaftsvertrag stellt unter den Staatsbürgern eine Gleichheit her, auf Grund deren sich alle unter denselben Bedingungen verpflichten und dieselben Rechte genießen sollen. Der Natur des Vertrages gemäß verpflichtet oder begünstigt jeder Souveränitätsakt, das heißt jeder authentische Akt des Gemeinwillens, alle Staatsbürger in gleicher Weise, so daß der Souverän nur den Körper der Nation kennt und zwischen denen, die ihn bilden, keinen Unterschied macht. Was ist denn ein Souveränitätsakt? Nicht eine Übereinkunft zwischen einem Höheren und einem Niedrigeren, sondern eine Übereinkunft des Körpers mit jedem seiner Glieder. Eine legitime Übereinkunft, weil sie den Gesellschaftsvertrag zur Grundlage hat; eine ausgewogene, weil sie allen gemeinsam ist; eine nützliche, weil sie nur das Gemeinwohl zum Ziel haben kann; eine dauerhafte, weil sie von der Staatsgewalt und der höchsten Macht garantiert wird. Solange die Untertanen nur solchen Übereinkünften unterworfen sind, gehorchen sie niemandem als ihrem eigenen Willen. Fragen, wie weit die jeweiligen Rechte des Souveräns und der Staatsbürger gehen, heißt fragen, wie weit sich letztere gegen sich selbst, jeder gegen alle und alle gegen jeden verpflichten können.

Hieraus ist ersichtlich, daß die souveräne Gewalt, so absolut, heilig und unverletzlich sie auch ist, die Grenzen der allgemeinen Übereinkünfte weder überschreitet noch überschreiten kann und daß jeder Mensch über den ihm durch diese Übereinkünfte gebliebenen Teil seiner Güter und seiner Freiheit uneingeschränkt verfügen kann. Der Souverän hat also niemals das Recht, einen Untertan stärker als den andern zu belasten, weil die Angelegenheit dann zu einer partikularen würde, für die ihm keine Befugnis zusteht.

Erkennt man diese Unterscheidungen an, so wäre nichts falscher, als im Gesellschaftsvertrag irgendeinen wirklichen Verzicht der einzelnen sehen zu wollen. Ihre wirkliche Situation hat sich durch den Vertrag nicht nur gegen früher verbessert; statt einer Veräußerung haben sie einen vorteilhaften Tausch gemacht, indem sie für eine unsichere und ungewisse Lebensweise eine bessere und gesichertere eintauschten, für die natürliche Unabhängigkeit Freiheit, für die Macht, andern zu schaden, ihre eigene Sicherheit und für ihre Stärke, die andere zu überwinden vermochte, ein Recht, das die gesellschaftliche Vereinigung unbesiegbar macht. Sogar ihr Leben, das sie dem Staate gewidmet haben, wird dadurch beständig geschützt, und wenn sie es zu seiner Verteidigung einsetzen, was tun sie anderes, als ihm zu geben, was sie von ihm empfangen haben? Haben sie nicht im Naturzustand dasselbe häufiger und mit größerer Gefahr tun müssen, wenn sie in unvermeidlichen Kämpfen unter Lebensgefahr verteidigten, was sie zu ihrer Erhaltung brauchten? Wenn nötig, müssen in der Tat alle für das Vaterland kämpfen, aber niemand braucht mehr für sich selbst zu kämpfen. Gewinnen wir nicht dabei, wenn wir für unsere Sicherheit einen Teil der Gefahren auf uns nehmen, denen wir uns, sobald uns diese Sicherheit genommen wäre, doch aussetzen müßten?

V. KAPITEL
Vom Recht über Leben und Tod

Man fragt, wie die einzelnen, die kein Recht über ihr eigenes Leben haben, ein solches Recht auf den Souverän übertragen können? Diese Frage scheint nur deshalb schwierig, weil sie falsch gestellt ist. Jeder Mensch hat das Recht, sein eigenes Leben zu riskieren, um es zu erhalten. Hat man je einen Menschen, der bei einer Feuersbrunst aus dem Fenster sprang, des Selbstmords beschuldigt? Hat man dieses Verbrechen je einem Menschen zur Last gelegt, der in einem Sturm umkam, obgleich er sich beim Einschiffen der Gefahr bewußt war?

Der Gesellschaftsvertrag hat die Erhaltung der Vertragschließenden zum Zweck. Wer den Zweck will, muß die Mittel wollen, und diese Mittel sind von bestimmten Gefahren, ja sogar Verlusten nicht zu trennen. Wer sein Leben auf Kosten anderer erhalten will, muß es, wenn nötig, auch für sie hingeben. Der Staatsbürger ist aber nicht Richter über die Gefahr, der er sich auf Verlangen des Gesetzes aussetzen soll. Wenn der Fürst sagt: Dein Tod ist für den Staat erforderlich, so muß er sterben, da er nur unter dieser Bedingung bisher in Sicherheit gelebt hat und sein Leben nicht mehr ausschließlich ein Geschenk der Natur ist, sondern eine an Bedingungen geknüpfte Gabe des Staates.

Die über Verbrecher verhängte Todesstrafe kann ungefähr unter demselben Gesichtspunkte betrachtet werden: um nicht Opfer eines Mörders zu werden, ist man zu sterben bereit, wenn man selbst einer werden sollte. Bei diesem Vertrag trifft man durchaus keine Verfügung über das eigene Leben, man denkt nur daran, es zu schützen; und es ist nicht anzunehmen, daß einer der Vertragspartner vorhätte, sich hängen zu lassen.

Übrigens wird jeder Übeltäter, indem er das Gesellschaftsrecht verletzt, durch seine Verbrechen zum Aufrührer und Verräter an seinem Vaterlande; als Gesetzesbrecher hört er auf, dessen Mitglied zu sein, ja erklärt ihm sogar den Krieg. Die Erhaltung des Staates wird mit seiner eignen Erhaltung unvereinbar; einer von beiden muß zugrunde gehen; der Schuldige wird dann weniger als Staatsbürger getötet denn als Feind. Das Gerichtsverfahren und das Urteil beweisen und stellen fest, daß er den Gesellschaftsvertrag gebrochen hat und folglich kein Mitglied des Staates mehr ist. Da er sich, wenigstens durch seinen Aufenthalt, als Mitglied bekannt hat, muß er als Vertragsbrüchiger verbannt oder als öffentlicher Feind getötet werden. Denn ein solcher Feind ist keine moralische Person mehr, sondern ein Mensch, und es entspricht dann dem Kriegsrecht, ihn als Besiegten zu töten.

Die Verurteilung eines Verbrechers, wird man einwenden, ist aber eine partikulare Handlung. Richtig: diese Verurteilung steht auch nicht dem Souverän zu; es ist ein Recht, das er verleihen, aber nicht selbst ausüben darf. Alle meine Gedanken hängen zusammen, aber ich kann sie nicht alle auf einmal darlegen.

Übrigens sind häufige Todesstrafen immer ein Zeichen der Schwäche oder Trägheit der Regierung. Es gibt keinen Bösewicht, den man nicht zu irgend etwas tauglich machen könnte. Man darf, selbst zur Abschreckung, nur den töten, den leben zu lassen gefährlich wäre.

Das Recht der Begnadigung oder der Freisprechung des Schuldigen von der durch das Gesetz verhängten und vom Richter ausgesprochenen Strafe steht nur dem zu, der über Richter und Gesetz steht, das heißt dem Souverän. Allerdings ist sein Recht dabei nicht eindeutig, und nur in sehr seltenen Fällen wird davon Gebrauch gemacht. In einem gut regierten Staate werden wenige Strafen verhängt, nicht weil viele begnadigt werden, sondern weil es wenig Verbrecher gibt: die Vielzahl von Verbrechen sichert ihre Straflosigkeit, wenn der Staat verfällt. In der römischen Republik versuchten weder der Senat noch die Konsuln Gnade zu üben; selbst das Volk begnadigte nicht, wenn es auch bisweilen sein eigenes Urteil widerrief. Häufige Begnadigungen künden an, daß man für Freveltaten ihrer bald nicht mehr bedürfen wird, und jeder sieht, wohin das führt. Aber ich fühle mein Herz mir zuraunen und meine Feder zurückhalten; lassen wir den Gerechten, der nie fehlte und nie selbst der Gnade bedurfte, diese Fragen diskutieren.

VI. KAPITEL
Vom Gesetz

Durch den Gesellschaftsvertrag haben wir dem politischen Körper Existenz und Leben gegeben: jetzt geht es darum, ihm durch die Gesetzgebung Bewegung und Willen zu geben. Denn der ursprüngliche Akt, durch den dieser Körper sich bildet und zu einer Einheit wird, bestimmt noch nicht, was er zu seiner Erhaltung tun muß.

Was gut und geordnet ist, ist es durch die Natur der Dinge und unabhängig von menschlichen Vereinbarungen. Alle Gerechtigkeit kommt von Gott, er allein ist ihre Quelle; wären wir imstande, sie von so hoch oben zu empfangen, brauchten wir weder Regierung noch Gesetze. Ohne Zweifel gibt es eine allgemeine Gerechtigkeit, die von der Vernunft allein ausgeht; damit diese aber unter uns anerkannt wird, muß sie gegenseitig sein. Vom menschlichen Standpunkt aus sind die Gesetze der Gerechtigkeit unter den Menschen nichtig, weil sie nicht von Natur aus sanktioniert sind; sie nutzen nur dem Bösen und schaden dem Gerechten, der sie gegen jedermann befolgt, während niemand das ihm gegenüber tut. Wir brauchen also Übereinkünfte und Gesetze, um die Rechte mit den Pflichten zu verbinden und die Gerechtigkeit auf ihren Gegenstand zurückzuführen. Im Naturzustand, wo alles gemeinsam ist, schulde ich denen nichts, denen ich nichts versprochen habe; nur was mir nichts nützt, erkenne ich als fremden Besitz an. Im Gesellschaftszustand, wo alle Rechte durch das Gesetz festgelegt sind, verhält es sich nicht so.

Aber was ist denn überhaupt ein Gesetz? Solange man sich damit begnügt, mit diesem Wort nur metaphysische Ideen zu verbinden, wird man weiter räsonieren, ohne sich zu verstehen; und auch wenn man erklärt hat, was ein Naturgesetz ist, weiß man noch immer nicht, was ein Staatsgesetz ist.

Ich habe bereits gesagt, daß es über einen besonderen Gegenstand keinen allgemeinen Willen gibt. Dieser besondere Gegenstand ist entweder im Staat oder außerhalb von ihm. Ist er außerhalb, so kann ein ihm fremder Wille in bezug auf ihn kein allgemeiner sein; ist er innerhalb des Staates, so bildet er einen Teil von ihm. Dann entsteht zwischen dem Ganzen und seinem Teil ein Verhältnis, das zwei getrennte Wesen aus ihnen macht; das eine stellt den Teil dar und das andere das um diesen Teil verminderte Ganze. Aber das Ganze weniger einen Teil ist nicht mehr das Ganze, und solange dieses Verhältnis fortbesteht, gibt es kein Ganzes mehr, sondern zwei ungleiche Teile; daraus folgt, daß der Wille des einen in bezug auf den anderen ebenfalls kein allgemeiner ist.

Sobald jedoch das ganze Volk über das ganze Volk beschließt, betrachtet es nur sich selbst; entsteht jetzt ein Verhältnis, so findet es ohne irgendeine Teilung des Ganzen nur zwischen dem ganzen Gegenstande unter einem Gesichtspunkt und dem ganzen Gegenstande unter einem anderen Gesichtspunkt statt. Dann ist der Gegenstand, über den man beschließt, ebenso allgemein wie der Wille, der beschließt. Diesen Akt nenne ich ein Gesetz.

Wenn ich sage, daß der Gegenstand der Gesetze immer allgemein ist, so meine ich damit, daß das Gesetz die Untertanen als einen einzigen Körper und die Handlungen als abstrakte betrachtet, nie einen Menschen als Individuum noch eine Handlung als die eines einzelnen. So kann das Gesetz zwar Privilegien beschließen, sie aber niemandem namentlich gewähren. Das Gesetz kann mehrere Klassen von Staatsbürgern schaffen und sogar die Eigenschaften bestimmen, die den Zugang zu diesen Klassen gewähren, kann aber nicht benennen, wer in eine dieser Klassen aufgenommen werden soll. Es kann eine königliche Regierung und eine Erbfolge einführen, aber nicht einen König wählen noch eine königliche Familie ernennen. Mit einem Worte: jede auf einen individuellen Gegenstand bezogene Funktion ist der legislativen Gewalt entzogen.

Damit sieht man sofort, daß sich die Frage erübrigt, wem die Gesetzgebung zusteht, da Gesetze Akte des Gemeinwillens sind;

auch, ob der Fürst über den Gesetzen steht, da er ein Mitglied des Staates ist; ebensowenig, ob das Gesetz ungerecht sein kann, da niemand gegen sich selbst ungerecht ist; ferner, wie man frei und doch den Gesetzen unterworfen sein kann, da letztere nur Register unserer Willensentscheidungen sind.

Da das Gesetz die Gesamtheit des Willens mit der des Gegenstandes verbindet, ist ferner ersichtlich, daß der eigenmächtige Befehl eines Menschen, wer immer er sein möge, niemals ein Gesetz ist; selbst was der Souverän über einen besonderen Gegenstand verordnet, ist kein Gesetz, sondern ein Dekret, kein Akt der Souveränität, sondern der Verwaltung.

Republik nenne ich deshalb jeden von Gesetzen regierten Staat, unter welcher Verwaltungsform auch immer; nur dann herrscht das öffentliche Interesse und gilt die öffentliche Sache etwas. Jede rechtmäßige Regierung ist republikanisch[1]; was Regierung ist, werde ich weiter unten erklären.

Die Gesetze sind eigentlich nur die Bedingungen der gesellschaftlichen Assoziation. Das Volk, das den Gesetzen unterworfen ist, muß ihr Urheber sein; nur denen, die sich assoziieren, steht es zu, die Bedingungen der Gesellschaft zu regeln. Aber wie sollen sie sie regeln? Durch Übereinstimmung, durch plötzliche Eingebung? Hat der politische Körper ein Organ, um seine Willensentscheidungen zu bekunden? Wer wird ihm die nötige Voraussicht verschaffen, um Beschlüsse zu fassen und im voraus bekanntzumachen, oder wie wird er sie im Notfall aussprechen? Wie soll eine blinde Menge, die oft nicht weiß, was sie will, weil sie selten weiß, was ihr guttut, von sich aus ein so großes, so schwieriges Unternehmen wie ein System der Gesetzgebung ausführen? Von sich aus will das Volk immer das Gute, aber es erkennt es nicht immer von sich aus. Der Gemeinwille ist stets im Recht, allein das Urteil, das ihn leitet, ist nicht immer aufgeklärt. Man muß ihm die Gegenstände zeigen, wie sie sind, manchmal, wie sie ihm erscheinen sollen; ihm den rechten Weg, den er

[1] Ich verstehe unter diesem Wort nicht nur eine Aristokratie oder Demokratie, sondern allgemein jede Regierung, die vom Gesetz gewordenen Gemeinwillen geleitet wird. Die Regierung darf, um rechtmäßig zu sein, nicht mit dem Souverän zusammenfallen, sondern muß sein Diener sein: dann ist sogar die Monarchie eine Republik. Das wird im nächsten Buch klarer werden.

sucht, weisen; ihn vor der Verführung durch den Willen einzelner schützen; ihm Raum und Zeit näherbringen und den Reiz gegenwärtiger und fühlbarer Vorteile durch die Gefahr entfernter und verborgener Übel ausgleichen. Die einzelnen sehen das Gute, das sie verwerfen; die Öffentlichkeit will das Gute, das sie nicht sieht. Alle brauchen in gleicher Weise jemanden, der ihnen den Weg zeigt: jenen muß man zwingen, seine Willensentscheidungen der Vernunft anzupassen, diesen muß man zur Erkenntnis dessen bringen, was er will. Dann geht im Gesellschaftskörper aus der allgemeinen Einsicht die Vereinigung des Urteils und des Willens hervor, daraus entsteht das genaue Zusammenwirken der Teile und schließlich die größte Kraft des Ganzen. So entsteht die Notwendigkeit eines Gesetzgebers.

VII. KAPITEL
Vom Gesetzgeber

Um die dem Wohl der Völker angemessensten Grundsätze der Gesellschaft zu entdecken, bedürfte es eines höheren Verstandes, der alle Leidenschaften der Menschen überschaute und keine derselben empfände; der keine Beziehung zu unserer Natur hätte und sie dennoch gründlich kennen würde; dessen Glück von uns unabhängig wäre und der dennoch sich um unseres kümmerte; der schließlich in der Folge der Zeiten sich für einen erst in weiter Ferne hervortretenden Ruhm aufsparte und in einem Jahrhundert wirkte, um in einem anderen zu genießen.[1] Man brauchte Götter, um den Menschen Gesetze zu geben.

Den Schluß, den Caligula in bezug auf die Tatsachen zog, zog Platon in bezug auf das Recht, um den in Gesellschaft lebenden oder königlichen Menschen zu definieren, den er in seinem Buch *Von der Regierung* beschreibt. Wenn es wahr ist, daß ein großer Fürst selten ist, wie sehr dann erst ein großer Gesetzgeber? Der erste braucht nur dem Modell zu folgen, das ihm der andere vorschlagen muß. Dieser ist der Mechaniker, der die Maschine erfin-

[1] Ein Volk wird erst berühmt, wenn seine Gesetzgebung zu verfallen beginnt. Man weiß nicht, wie viele Jahrhunderte Lykurgs Verfassung das Glück der Spartaner ausmachte, ehe von ihnen im übrigen Griechenland die Rede war.

det, jener nur der Arbeiter, der sie aufzieht und in Gang hält. Bei der Geburt der Gesellschaft, sagt Montesquieu, geben die Staatsoberhäupter die Verfassung, nachher formt die Verfassung die Staatsoberhäupter.

Wer es wagt, einem Volke eine Verfassung zu geben, muß sich imstande fühlen, gleichsam die menschliche Natur umzuwandeln; jedes Individuum, das durch sich selbst ein vollkommenes und selbständiges Ganzes ist, in einen Teil eines größeren Ganzen umzuformen, aus dem dieses Individuum gewissermaßen Leben und Sein erhält; die Beschaffenheit des Menschen zu verformen, um sie zu stärken; an die Stelle der physischen und unabhängigen Existenz, die wir alle von der Natur erhalten haben, eine partielle und moralische Existenz zu setzen. Mit einem Wort, er muß dem Menschen seine ihm eigenen Kräfte nehmen, um ihm fremde zu geben, die er ohne den Beistand anderer nicht nutzen kann. Je mehr diese natürlichen Kräfte erstorben und vernichtet und je größer und dauerhafter die erworbenen sind, desto stabiler und vollkommener ist auch die Verfassung. Wenn jeder Staatsbürger nur durch alle anderen etwas ist und etwas vermag und wenn die vom Ganzen erlangte Kraft der Summe der natürlichen Kräfte aller Individuen gleich ist oder sie übertrifft, kann man sagen, daß die Gesetzgebung auf dem höchsten Punkt der Vollkommenheit steht, den sie erreichen kann.

Der Gesetzgeber ist in jeder Beziehung ein außerordentlicher Mann im Staate. Er muß es durch seinen Geist sein und nicht weniger durch sein Amt, das weder Verwaltung noch Souveränität ist. Dieses Amt, das der Republik die Verfassung gibt, geht selbst in sie nicht ein: es ist eine besondere und höhere Funktion, die mit der menschlichen Herrschaft nichts gemein hat. Denn ebenso wie der, der den Menschen befiehlt, nicht den Gesetzen befehlen darf, darf auch der den Gesetzen Befehlende den Menschen nicht befehlen; sonst würden seine Gesetze, Werkzeuge seiner Leidenschaften, oft nur seine Ungerechtigkeiten verewigen, und er könnte nie vermeiden, daß Privatansichten die Heiligkeit seines Werkes entstellten.

Als Lykurg seinem Vaterlande Gesetze gab, dankte er zuerst als König ab. Es war Brauch bei den meisten griechischen Städten, Fremden die Abfassung ihrer Gesetze anzuvertrauen. Die modernen italienischen Republiken ahmten diesen Brauch oft nach; auch Genf tat es, und es fuhr gut dabei.[1] Rom erlebte in seiner Blütezeit die Wiedergeburt aller Verbrechen der Tyrannei und stand vor dem Untergang, weil es die gesetzgebende Autorität und die staatliche Gewalt in denselben Händen vereinigt hatte.

Selbst die Decemvirn maßten sich nie das Recht an, aus eigener Macht irgendein Gesetz zu erlassen. *Keiner unserer Vorschläge*, sagten sie zum Volk, *kann ohne eure Zustimmung Gesetz werden. Römer, seid selbst die Schöpfer der Gesetze, die zu eurem Glücke führen sollen!*

Wer die Gesetze verfaßt, hat kein gesetzgebendes Recht und darf keinerlei haben; und das Volk kann, selbst wenn es das wollte, auf dieses nicht übertragbare Recht nicht verzichten, weil nach dem Grundvertrag nur der Gemeinwille die einzelnen bindet und man erst durch eine freie Abstimmung des Volkes sich vergewissern kann, ob ein Einzelwille mit dem Gemeinwillen übereinstimmt. Ich sagte es bereits, doch kann die Wiederholung nichts schaden.

Im Gesetzgebungswerk finden wir somit zwei scheinbar unvereinbare Dinge: ein die menschliche Kraft übersteigendes Unternehmen und zu seiner Ausführung eine Macht, die gleich Null ist.

Eine weitere Schwierigkeit verdient unsere Aufmerksamkeit. Die Weisen, die zum Volk in ihrer statt in seiner Sprache sprechen, werden von ihm nicht verstanden. Tausenderlei Ideen können aber nicht in die Sprache des Volkes übertragen werden. Zu allgemeine Gesichtspunkte und zu entfernte Gegenstände übersteigen gleichermaßen seine Fassungskraft; da jedem Individuum nur der auf sein Sonderinteresse bezogene Regierungsplan zusagt, sieht es schwer ein, welche Vorteile es aus den ständigen Entbehrungen ziehen kann, die ihm gute Gesetze auferlegen. Damit ein entstehendes Volk die gesunden politischen Maximen

[1] Wer Calvin nur als Theologen betrachtet, verkennt den Umfang seines Geistes. Die Abfassung unserer weisen Edikte, an der er großen Anteil hatte, gereicht ihm ebenso zur Ehre wie seine *Institution.* Wie sich unser Kult auch mit der Zeit verändern mag, solange die Liebe für das Vaterland und die Freiheit unter uns nicht erloschen sind, werden wir niemals aufhören, das Gedächtnis dieses großen Mannes zu ehren.

würdigen und den Grundregeln der Staatsräson folgen kann, müßte die Wirkung zur Ursache werden, müßte der gesellschaftliche Geist, der das Werk der Verfassung sein soll, ihr selbst vorausgehen; die Menschen müßten vor den Gesetzen das sein, was sie durch sie werden sollen. Da der Gesetzgeber also weder Gewalt noch Überzeugungskraft anwenden kann, muß er notwendigerweise auf eine Autorität anderer Ordnung zurückgreifen, die ohne Zwang mitreißt und ohne Einsicht überredet.

Das hat die Väter der Nationen zu allen Zeiten gezwungen, sich auf einen Wink des Himmels zu berufen und den Göttern ihre eigene Weisheit zuzuschreiben, damit die Völker, die den Gesetzen des Staates genauso wie denen der Natur unterworfen sind, dieselbe Macht in der Formung des Menschen wie in der des Staates erkennen, freiwillig gehorchen und das Joch des öffentlichen Wohls einsichtig tragen.

Diese höhere Einsicht, die den Horizont der einfachen Menschen übersteigt, legt der Gesetzgeber den Unsterblichen in den Mund, um jene, die sich durch menschliche Klugheit nicht erschüttern lassen, durch göttliche Autorität mitzureißen.[1] Aber es ist nicht jedem gegeben, die Götter sprechen zu lassen noch glaubhaft sich für ihren Dolmetscher auszugeben. Die erhabene Seele des Gesetzgebers ist das wahre Wunder, das seine Sendung beweisen muß. Jeder kann Gebote in steinerne Tafeln einritzen, ein Orakel kaufen, geheimen Umgang mit irgendeiner Gottheit vortäuschen, einen Vogel darauf abrichten, ihm etwas ins Ohr zu flüstern, oder andere plumpe Mittel finden, um das Volk zu beeindrucken. Wer sich nur darauf versteht, kann aus Zufall vielleicht einen Haufen Narren um sich sammeln, wird aber nie ein Reich gründen, und sein ungereimtes Werk wird mit ihm bald zugrunde gehen. Nichtige Gaukeleien bilden ein loses Band, nur die Weisheit macht es dauerhaft. Das jüdische Gesetz, das noch im-

[1] *E veramente,* sagt Machiavelli, *mai non ju alcuno ordinatore di leggi straordinarie in un popolo, che non ricorresse a Dio, perchè altrimenti non sarebbero accettate; perchè sono molti beni conosciuti da uno prudente, i quali non hanno in se ragioni evidenti da potergli persuadere ad altrui.* (Discorsi sopra Tito Livio, I.Buch, XI.Kap.). *(In Wahrheit gab es bei keinem Volk einen herausragenden Gesetzgeber, der sich nicht auf Gott berief, denn andernfalls wäre er nicht anerkannt worden; zwar kennt ein kluger Mann viele Werte, jedoch enthalten sie in sich nicht solche einleuchtenden Gründe, daß sie andere überzeugen können.)*

mer besteht, das Gesetz des Kindes von Ismael, das seit zehn Jahrhunderten die halbe Welt regiert, künden noch heute von den großen Männern, die sie geschaffen haben. Während eine hochmütige Philosophie oder blinder Parteigeist in ihnen nur erfolgreiche Betrüger sieht, bewundert der wahre Staatsmann in ihren Verfassungen jenes große und gewaltige Genie, das dauerhafte Einrichtungen ins Leben ruft.

Man darf daraus nicht mit Warburton schließen, daß bei uns Politik und Religion einen gemeinsamen Zweck haben, sondern daß beim Entstehen der Nationen eine der anderen als Werkzeug dient.

VIII. KAPITEL
Vom Volk

Wie der Baumeister vor Errichtung eines großen Gebäudes den Baugrund untersucht, ob er die Last tragen kann, so beginnt der weise Gründer nicht, gute Gesetze zu verfassen, sondern prüft, ob das Volk, für das er sie bestimmt, fähig ist, sie zu ertragen. Darum lehnte es Platon ab, den Arkadiern und Kyrenaikern Gesetze zu geben, da er wußte, daß diese beiden Völker reich waren und keine Gleichheit dulden würden. Deshalb gab es auf Kreta gute Gesetze und schlechte Menschen, weil Minos nur ein lasterhaftes Volk diszipliniert hatte.

Tausende von Nationen, die nie gute Gesetze hätten ertragen können, haben auf Erden geglänzt, und selbst die, die es gekonnt hätten, haben es während ihres ganzen Bestehens nur sehr kurze Zeit vermocht. Gleich den Menschen sind die meisten Völker nur in ihrer Jugend einsichtig; im Alter werden sie unverbesserlich; haben sich erst Gewohnheiten festgesetzt und Vorurteile eingewurzelt, ist der Versuch, sie zu reformieren, gefährlich und vergeblich. Das Volk kann nicht einmal ertragen, daß man an seine Gebrechen rührt, um sie zu heilen; es gleicht darin den einfältigen und mutlosen Kranken, die beim Anblick des Arztes erzittern.

Wie gewisse Krankheiten den Kopf der Menschen verwirren und ihnen das Gedächtnis rauben, so kommen im Leben der Staaten bisweilen Epochen der Gewalt vor, in denen Revolutionen auf die Völker die gleiche Wirkung haben wie Krisen auf Individuen; wo der Abscheu vor der Vergangenheit an die Stelle des Vergessens tritt und der Staat im Feuer der Bürgerkriege wie aus der Asche wiedergeboren wird und, dem Tod entronnen, die Kraft der Jugend wiedergewinnt. So war es in Sparta zur Zeit des Lykurg und in Rom nach den Tarquiniern, so erging es in unserer Zeit Holland und der Schweiz nach der Vertreibung der Tyrannen.

Aber solche Ereignisse sind selten; es sind Ausnahmen, die ihren Grund stets in der besonderen Konstitution des betreffenden Staates finden. Sogar dasselbe Volk kann sie nicht zweimal erleben, denn es kann sich zwar frei machen, solange es noch in der Barbarei lebt, aber nicht mehr, wenn der gesellschaftliche Schwung verbraucht ist. Dann können Unruhen es vernichten, ohne daß Revolutionen es wiederherstellen können; es zerfällt und besteht nicht mehr, sobald seine Ketten zerbrochen sind: Jetzt braucht es einen Herrn und keinen Befreier. Freie Völker, gedenkt des Grundsatzes: Man kann die Freiheit erringen, aber niemals wiedererlangen!

Es gibt für die Nationen wie für die Menschen eine Zeit der Reife, die man abwarten muß, ehe man sie den Gesetzen unterwirft; allein die Reife eines Volkes ist nicht immer leicht zu erkennen, und greift man ihr vor, ist das Werk verfehlt. Ein Volk ist von Geburt an bildbar, ein anderes nach zehn Jahrhunderten nicht. Die Russen werden nie wirklich zivilisiert sein, weil sie es zu früh wurden. Peter war ein Genie im Nachahmen, aber kein wahres Genie, das alles aus nichts schöpft und hervorbringt. Manches war gut, was er tat, das meiste jedoch unangebracht. Er hatte gesehen, daß sein Volk ungesittet war, aber nicht, daß es für die Zivilisation noch nicht reif war; er wollte es zivilisieren, als es noch der Abhärtung bedurfte. Er wollte Deutsche und Engländer formen, als es geboten war, zuerst Russen hervorzubringen; er hat seine Untertanen daran gehindert, jemals das zu werden, was sie sein konnten, indem er ihnen einredete, sie seien, was sie nicht sind. So erzieht ein französischer Hauslehrer seinen Schüler, damit er in der Kindheit für kurze Zeit glänzt – und später wird nichts aus ihm. Das russische Reich wird Europa unterwerfen wollen und wird selbst unterworfen werden. Die Tataren, seine Untertanen oder seine Nachbarn, werden zu seinem und unserem Herren werden: diese Revolution scheint mir unausbleiblich zu sein. Alle Könige Europas arbeiten einmütig daran, sie zu beschleunigen.

IX. KAPITEL

Fortsetzung

Wie die Natur dem Wuchs eines gut gebauten Menschen Grenzen gesetzt hat, jenseits deren sie nur Riesen oder Zwerge hervorbringt, gibt es auch hinsichtlich der besten Konstitution eines Staates Grenzen der Ausdehnung, damit er nicht zu groß ist, um gut regiert werden zu können, noch zu klein, um sich selbst zu erhalten. In jedem politischen Körper gibt es ein *Maximum* an Kraft, das er nicht überschreiten darf und von dem er sich oft entfernt, indem er sich vergrößert. Je weiter sich das Gesellschaftsband ausdehnt, um so lockerer wird es; und gemeinhin ist ein kleiner Staat verhältnismäßig stärker als ein großer.

Zahllose Gründe beweisen diesen Satz. Erstens wird bei großen Entfernungen die Verwaltung belastender, wie ein Gewicht am Ende eines längeren Hebelarmes schwerer wird. Sie wird auch kostspieliger, weil ihre Zwischenstufen zunehmen: schon jede Stadt hat ihre Verwaltung, die das Volk bezahlt, dann jeder Kreis die seine, die das Volk ebenfalls bezahlt; sodann jede Provinz, die großen Regierungsbezirke, Statthalterschaften und Vizekönigreiche, die um so teurer werden, je höher man steigt, und alles auf Kosten des unglücklichen Volkes; schließlich kommt die oberste Verwaltung, die alles erdrückt. So viele zusätzliche Lasten erschöpfen die Untertanen ständig; durch diese verschiedenen Rangordnungen werden sie nicht etwa besser regiert, sondern schlechter, als wenn es nur eine einzige gäbe. Für besondere Fälle bleiben kaum Mittel übrig, und muß man auf sie zurückgreifen, steht der Staat regelmäßig vor dem Ruin.

Das ist nicht alles: nicht nur, daß die Regierung weniger Kraft und Schnelligkeit hat, die Gesetze durchzusetzen, Schikanen zu verhindern, Mißbräuche abzustellen, eventuellen aufrührerischen Unternehmungen in entfernten Gegenden vorzubeugen; das Volk liebt auch seine Oberen weniger, die es niemals sieht, sein Vaterland, das ihm wie die Welt erscheint, und seine Mitbürger, die ihm größtenteils fremd sind. Dieselben Gesetze können nicht so vielen verschiedenen Provinzen gemäß sein; diese haben verschiedene Sitten, leben unter gegensätzlichen Klimabedingungen und können nicht dieselbe Regierungsform ertragen. Unterschiedliche Gesetze stiften nur Unruhe und Verwirrung unter Völkern, die unter denselben Oberen stehen und in ständiger Verbindung leben, sich gegenseitig besuchen und untereinander heiraten und, da sie verschiedenen Bräuchen unterworfen sind, nie wissen, ob ihr Erbteil gesichert ist. Zwischen den vielen einander unbekannten Menschen, die der Sitz der höchsten Verwaltung am gleichen Ort vereinigt, bleiben Talente verborgen, Tugenden ohne Anerkennung, Laster ungestraft. Die mit Amtsgeschäften überlasteten hohen Beamten sehen nichts mit eigenen Augen; Subalterne regieren den Staat. Schließlich nehmen Maßnahmen, die zur Aufrechterhaltung der allgemeinen Autorität erforderlich sind, der sich viele vom Zentrum entfernte Beamte entziehen oder über die sie sich hinwegsetzen möchten, alle staatlichen Bemühungen in Anspruch; für das Glück des Volkes bleibt nichts übrig, kaum genug für seine Verteidigung im Notfall. So sackt ein für seine Konstitution zu großer Körper in sich zusammen und stirbt unter der Last seines eigenen Gewichts.

Andererseits muß sich der Staat eine sichere Grundlage geben, um Festigkeit zu erlangen, den unausbleiblichen Erschütterungen zu widerstehen und die Anstrengungen auszuhalten, zu denen ihn seine Erhaltung zwingt. Denn alle Völker haben eine gewisse Zentrifugalkraft, mit der sie ständig aufeinander einwirken und sich auf Kosten ihrer Nachbarn zu vergrößern streben wie die Wirbel des Descartes. So laufen die Schwachen Gefahr, schnell verschlungen zu werden, und ein jeder kann sich nur erhalten, indem er sich mit allen in eine Art Gleichgewicht bringt, das den Druck nach allen Seiten annähernd ausgleicht.

Man erkennt daraus, daß es Gründe für die Ausdehnung und Gründe für die Einengung gibt; und es ist nicht das geringste der Talente eines Staatsmannes, dazwischen das zur Erhaltung des Staates günstigste Verhältnis zu finden. Im allgemeinen kann man sagen, daß die ersten, da sie nur äußerliche und relative Gründe sind, den anderen untergeordnet werden müssen, die innere und absolute Gründe sind. Eine gesunde und starke Konstitution muß als erstes angestrebt werden, und man soll mehr der Kraft vertrauen, die aus einer guten Regierung erwächst, als den Reichtümern eines großen Territoriums.

Im übrigen gab es Staaten, deren Konstitution selbst sie zu Eroberungen zwang und die sich zu ihrer Erhaltung ständig vergrößern mußten. Sie haben sich vielleicht über diese Notwendigkeit glücklich geschätzt; dennoch zeigte sie ihnen auf der Höhe ihrer Größe den unvermeidlichen Augenblick ihres Falles.

X. KAPITEL
Fortsetzung

Man kann einen politischen Körper auf zweierlei Weise messen: nach der Größe des Territoriums und nach der Einwohnerzahl; im angemessenen Verhältnis dieser Größen liegt die wirkliche Größe des Staates: Die Menschen bilden den Staat, und der Boden ernährt sie; dieses Verhältnis ist folglich so beschaffen, daß das Land zum Unterhalt seiner Bewohner ausreicht und es so viele Menschen bewohnen, wie es ernähren kann. In dieser Proportion liegt das *Maximum* an Kraft einer gegebenen Volksmenge. Ist das Gebiet zu groß, so ist sein Schutz kostspielig, der Anbau ungenügend, der Ertrag überschüssig: das führt alsbald zu Verteidigungskriegen. Hat der Staat zuwenig Land, hängt er für den Fehlbetrag von der Willkür seiner Nachbarn ab: das führt alsbald zu Angriffskriegen. Jedes Volk, das durch seine Situation nur die Wahl zwischen Handel und Krieg hat, ist aus sich heraus schwach; es hängt von seinen Nachbarn, von den Ereignissen ab und hat nur eine unsichere und kurze Existenz. Es unterjocht und verändert seine Situation, oder es wird unterjocht und vernichtet. Nur durch Kleinheit oder Größe kann es sich frei erhalten.

Ein festes Verhältnis zwischen der Ausdehnung des Landes und der Anzahl der Menschen, wie sie füreinander genügen, läßt sich nicht berechnen, weil die Bodenbeschaffenheit, die Fruchtbarkeit, die Natur der Erzeugnisse, der Einfluß des Klimas ebenso verschieden sind wie die Temperamente der Bewohner, die auf einem fruchtbaren Boden wenig und auf einem undankbaren viel verbrauchen. Ferner müssen die größere oder geringere Fruchtbarkeit der Frauen, die mehr oder weniger die Bevölkerungsentwicklung fördernde Beschaffenheit des Landes und der Zuwachs, den der Gesetzgeber durch seine Einrichtungen herbeizuführen erhoffen kann, berücksichtigt werden. Er darf also sein Urteil nicht auf das stützen, was er sieht, sondern auf das, was er voraussieht; nicht so sehr vom gegenwärtigen Stand der Bevölkerung ausgehen, sondern von dem, den sie naturgemäß erreichen soll. Schließlich gibt es noch zahllose Fälle, in denen besondere örtliche Gegebenheiten erfordern oder gestatten, ein größeres Gebiet einzubeziehen, als nötig erscheint. In einer Gebirgsgegend wird man sich über ein großes Gebiet ausbreiten, weil die natürliche Produktion, die Wälder und Viehweiden, weniger Arbeit verlangen, die Frauen, wie die Erfahrung lehrt, fruchtbarer sind als in der Ebene und große Hänge nur eine kleine horizontale Basis ergeben, die allein für die Vegetation zählt. An der Meeresküste dagegen kann man, selbst zwischen Felsen und auf fast unfruchtbaren Sandböden, enger zusammenrücken, weil der Fischfang zum großen Teil die Produkte des Bodens ersetzen kann, die Bewohner zur Abwehr der Piraten sich enger zusammenschließen müssen und man leichter den Bevölkerungsüberschuß in Kolonien ableiten kann.

Zu diesen für die Gründung eines Volkes erforderlichen Bedingungen kommt eine hinzu, die keine andere ersetzen kann, ohne die jedoch alle anderen nutzlos sind: es müssen Überfluß und Frieden herrschen. Denn die Zeit, in der sich ein Staat herausbildet, gleicht der, in der eine Streitmacht sich formiert, gleicht dem Augenblick, da der Körper am wenigsten widerstandsfähig und leicht zu vernichten ist. Bei völliger Unordnung kann man besser Widerstand leisten als im Augenblick der Gärung, wo sich jeder mit seinem Platz und nicht mit der Gefahr beschäftigt. Bricht in solcher Zeit der Krise ein Krieg, eine Hungersnot, ein Aufruhr aus, bricht der Staat rettungslos zusammen.

Zwar haben sich viele Regierungen in solchen Stürmen gebildet, doch sind es alsdann diese Regierungen selbst, die den Staat zerstören. Stets führen Usurpatoren Zeiten der Verwirrung herbei oder benutzen sie, um unter der Gunst des allgemeinen Schrekkens zerstörerische Gesetze einzuführen, die das Volk ruhigen

Blutes nie angenommen hätte. Die Wahl des Augenblicks zur Gründung eines Staates ist eines der sichersten Kennzeichen, das Werk des Gesetzgebers von dem des Tyrannen zu unterscheiden.

Welches Volk also ist reif, Gesetze anzunehmen? Das Volk, das durch Ursprung, Interesse oder Übereinkunft bereits verbunden ist, aber noch nicht das wahre Joch der Gesetze getragen hat; das weder in Gebräuchen noch Aberglauben verwurzelt ist; das nicht befürchtet, plötzlich überfallen zu werden; das sich nicht in die Streitigkeiten seiner Nachbarn hineinziehen läßt und jedem von ihnen allein widerstehen oder den einen mit Hilfe des anderen zurückdrängen kann; das, in dem jedes Mitglied allen bekannt sein kann und man niemandem eine schwerere Last auferlegen muß, als ein Mensch tragen kann; das ohne die anderen Völker auskommen kann, während diese wiederum ohne jenes Volk auskommen können;[1] das weder arm noch reich ist und sich selbst genügt; das endlich die Festigkeit eines alten Volkes mit der Gelehrigkeit eines neuen vereinigt. Was das Werk der Gesetzgebung schwierig macht, ist weniger das, was errichtet, als das, was zerstört werden muß; und was den Erfolg so selten macht, ist die Unmöglichkeit, die Einfachheit der Natur mit den Bedürfnissen der Gesellschaft vereinigt zu finden. Allerdings finden sich diese Bedingungen selten beieinander. Deshalb haben wenige Staaten eine gute Verfassung.

In Europa gibt es noch ein Land, das einer guten Gesetzgebung fähig ist: die Insel Korsika. Die Tapferkeit und Ausdauer, mit der dieses wackere Volk seine Freiheit wiederzuerlangen und zu verteidigen verstand, verdienten wohl, daß ein Weiser es lehrte, sie zu bewahren. Mir ahnt, diese kleine Insel wird eines Tages Europa in Erstaunen versetzen.

[1] Wenn von zwei Nachbarvölkern das eine nicht ohne das andere auskommen könnte, wäre es für das erste eine sehr schwierige und für das andere eine sehr gefährliche Lage. Jede kluge Nation wird in solchem Fall sich eiligst bemühen, die andere von dieser Abhängigkeit zu befreien. Die mitten im Mexikanischen Reich liegende Republik Thlascala verzichtete lieber auf das Salz, als es von den Mexikanern zu kaufen oder auch nur umsonst anzunehmen. Die klugen Thlascalaner erkannten die unter dieser Freigebigkeit verborgene Falle. Sie bewahrten ihre Freiheit, und dieser kleine Staat wurde schließlich das Werkzeug zum Untergang des großen Reiches, von dem es eingeschlossen war.

XI. KAPITEL

Von den verschiedenen Systemen der Gesetzgebung

Untersucht man, worin eigentlich das höchste Wohl aller besteht – das der Zweck eines jeden Systems der Gesetzgebung sein soll –, so wird man finden, daß es auf zwei Hauptgegenstände zurückzuführen ist: *Freiheit* und *Gleichheit.* Freiheit, weil jede Abhängigkeit des einzelnen dem Staatskörper eine ebenso große Kraft entzieht; Gleichheit, weil die Freiheit ohne sie nicht bestehen kann.

Ich habe bereits gesagt, was bürgerliche Freiheit ist. Was die Gleichheit anlangt, darf man unter diesem Worte nicht verstehen, alle hätten absolut den gleichen Grad an Macht und Reichtum, sondern daß die Macht jede Gewalttätigkeit ausschließt und nur kraft des Ranges und der Gesetze ausgeübt wird; und was den Reichtum angeht, daß kein Staatsbürger so reich sein darf, einen anderen kaufen zu können, noch so arm, sich verkaufen zu müssen.[1] Das setzt bei den Großen Mäßigung des Vermögens und des Einflusses und bei den Kleinen Mäßigung der Habgier und Begehrlichkeit voraus.

Diese Gleichheit halten einige für ein Hirngespinst, das in der Praxis nicht existieren kann: Wenn jedoch der Mißbrauch unvermeidlich ist, folgt daraus, daß man ihn nicht wenigstens zügeln muß? Gerade weil der Lauf der Dinge immer die Zerstörung der Gleichheit bewirkt, muß die Macht der Gesetzgebung stets danach trachten, sie aufrechtzuerhalten.

Diese allgemeinen Ziele jeder guten Verfassung müssen in jedem Lande entsprechend den Verhältnissen, die sowohl aus der örtlichen Situation als dem Charakter der Bewohner entstehen, modifiziert werden, und auf Grund dieser Verhältnisse muß jedes Volk ein besonderes Verfassungssystem erhalten, das vielleicht

[1] Wollt ihr dem Staat Bestand verleihen? Dann nähert die äußersten Rangstufen einander soweit wie möglich: duldet weder übermäßig Reiche noch Bettler. Diese beiden ihrem Wesen nach nicht voneinander zu trennenden Stände sind für das Gemeinwohl gleichermaßen verhängnisvoll; aus dem einen gehen die Förderer der Tyrannei und aus dem anderen die Tyrannen hervor; sie verschachern untereinander die öffentliche Freiheit; der eine kauft und der andere verkauft sie.

nicht an sich, doch für den betreffenden Staat das beste ist. Zum Beispiel, euer Boden ist undankbar und unfruchtbar oder das Land für seine Bewohner zu eng? So wendet euch Handwerk und Gewerbe zu und tauscht deren Erzeugnisse gegen Nahrungsmittel ein, die euch fehlen. Ihr bewohnt dagegen reiche Ebenen und fruchtbare Hügel? Es fehlt euch auf gutem Boden an Bewohnern? So treibt vor allem Ackerbau, der die Menschen vermehrt, und haltet die Gewerbe fern, die das Land weiter entvölkern würden, indem sich die wenigen Bewohner auf einige Punkte des Landes zusammenziehen.[1] Ihr wohnt an weiten und bequemen Küsten? So bedeckt das Meer mit Schiffen, betreibt Handel und Schiffahrt, ihr werdet eine glänzende und kurze Existenz haben. Das Meer benetzt an euren Küsten nur fast unzugängliche Felsenwände? Dann bleibt Barbaren und nährt euch von Fischen; ihr werdet dabei ruhiger, vielleicht sogar besser, und sicher glücklicher leben. Mit einem Worte, außer den für alle gültigen Grundsätzen hat jedes Volk einen Grund, sie in besonderer Weise anzuwenden und seine Gesetzgebung als für sich allein geeignet zu betrachten. So hatten einst die Hebräer und in neuerer Zeit die Araber die Religion zum Hauptgegenstand, die Athener die Wissenschaft, Karthago und Tyrus den Handel, Rhodos die Seefahrt, Sparta den Krieg und Rom die Tapferkeit. Der Verfasser des *Geistes der Gesetze* hat mit einer Fülle von Beispielen gezeigt, wie geschickt der Gesetzgeber die Verfassung auf jeden dieser Gegenstände zu lenken vermag.

Die Verfassung eines Staates wird wirklich fest und dauerhaft, wenn die Gegebenheiten so beachtet werden, daß die natürlichen Verhältnisse und die Gesetze stets zusammenfallen und erstere jene sozusagen nur bestätigen, begleiten und berichtigen. Verkennt der Gesetzgeber jedoch seinen Gegenstand und legt ein anderes Prinzip zugrunde, als sich aus der Natur der Dinge ergibt, so daß das eine zur Knechtschaft führt und das andere zur Freiheit, das eine zum Reichtum und das andere zu großer Bevölkerung, das eine zum Frieden und das andere zu Eroberungen,

[1] *Mancher Zweig des Außenhandels,* sagt der Marquis d'Argenson, *verschafft einem Reich im allgemeinen nur einen scheinbaren Nutzen; er kann einige Privatleute, ja selbst einige Städte bereichern, allein die Nation im ganzen gewinnt nichts dabei, und das Volk wird durch ihn nicht bessergestellt.*

dann wird man sehen, wie die Gesetze nach und nach unwirksam werden, die Verfassung entstellt und der Staat so lange erschüttert wird, bis er zerstört oder verändert ist und die unüberwindliche Natur ihre Herrschaft wiedergewonnen hat.

XII. KAPITEL
Einteilung der Gesetze

Um das Ganze zu ordnen oder dem Gemeinwesen die bestmögliche Gestalt zu geben, sind verschiedene Beziehungen zu beachten. Erstens die Wirkung des Gesamtkörpers auf sich selbst, das heißt die Beziehung des Ganzen zum Ganzen oder des Souveräns zum Staat; diese Beziehung ist, wie wir später sehen werden, aus Zwischengliedern zusammengesetzt.

Die Gesetze, die diese Beziehung regeln, heißen politische Gesetze und werden auch, wenn sie vernünftig sind, mit Recht Grundgesetze genannt. Denn wenn es in jedem Staat nur eine Möglichkeit guter Ordnung gibt, muß sich das Volk, das sie gefunden hat, an sie halten. Wenn die eingeführte Ordnung aber schlecht ist, warum sollte man dann Gesetze, die sie verhindern, gut zu sein, als Grundgesetze ansehen? In jedem Fall ist im übrigen das Volk Herr der Entscheidung, seine Gesetze, selbst die besten, zu ändern; wenn es ihm gefällt, sich selbst zu schaden, wer hat dann das Recht, es daran zu hindern?

Die zweite Beziehung ist die der Glieder untereinander oder zum Gesamtkörper, und diese Beziehung soll im ersten Fall so schwach und im zweiten so stark wie möglich sein, so daß jeder Bürger von allen anderen vollkommen unabhängig und vom Gemeinwesen im höchsten Maße abhängig ist. Beides wird stets durch die gleichen Mittel erreicht, denn nur aus der Stärke des Staates kommt die Freiheit seiner Glieder. Aus dieser zweiten Beziehung entstehen die bürgerlichen Gesetze.

Eine dritte Beziehung zwischen Mensch und Gesetz ist die zwischen Ungehorsam und Strafe; sie führt zur Festlegung der Strafgesetze, die genaugenommen keine besondere Art von Gesetzen sind als vielmehr die Sanktionierung aller anderen.

Zu diesen drei Arten von Gesetzen kommt eine vierte, die

wichtigste von allen, hinzu, die weder in Erz noch in Marmor, sondern in die Herzen der Bürger einzuprägen ist. Sie macht die wirkliche Verfassung des Staates aus; sie gewinnt täglich neue Kraft; wenn die anderen Gesetze veralten oder erlöschen, belebt sie sie neu oder ersetzt sie, sie erhält das Volk im Geist seiner Verfassung und ersetzt unmerklich die Autorität durch die Macht der Gewohnheit. Ich spreche von den Sitten, den Gebräuchen und vor allem von der öffentlichen Meinung, einem Gebiet, das unseren Politikern völlig unbekannt ist, von dem aber der Erfolg aller anderen abhängt; einem Gebiet, mit dem sich der große Gesetzgeber im geheimen beschäftigt, während er sich auf einzelne Verordnungen zu beschränken scheint, die nur die Bögen des Gewölbes sind, zu dem die sich langsamer herausbildenden Sitten den unverrückbaren Schlußstein bilden.

Unter diesen verschiedenen Arten beziehen sich nur die politischen Gesetze, die die Regierungsform bestimmen, auf meinen Gegenstand.

DRITTES BUCH

Bevor wir von den verschiedenen Regierungsformen sprechen, wollen wir versuchen, den genauen Sinn dieses bisher nicht genau erklärten Wortes »Regierung« festzulegen.

I. KAPITEL

Von der Regierung im allgemeinen

Ich mache den Leser darauf aufmerksam, daß dieses Kapitel mit Bedacht gelesen sein will, da mir die Kunst abgeht, mich dem, der es an Aufmerksamkeit fehlen läßt, verständlich zu machen.

Jede freie Handlung hat zwei Ursachen, die zusammenwirken, um sie hervorzubringen: eine moralische, nämlich den Willen, der die Tat bewirkt; und eine physische, die Kraft, die sie ausführt. Gehe ich auf einen Gegenstand zu, muß ich erst gehen wollen; dann müssen mich die Füße zu ihm tragen. Ob ein Gelähmter laufen will oder ein beweglicher Mann es nicht will, beide werden an ihrer Stelle bleiben. Der politische Körper hat die gleichen Antriebe; auch hier unterscheidet man Kraft und Willen. Der Wille heißt *gesetzgebende Gewalt [puissance législative]*, die Kraft *ausführende Gewalt [puissance exécutive]*. Ohne ihr Zusammenwirken geschieht nichts, darf nichts geschehen.

Wir sahen, die Legislative gehört dem Volke und kann nur ihm gehören. Aus den zuvor dargelegten Grundsätzen läßt sich dagegen leicht ersehen, daß die Exekutive der Allgemeinheit als Gesetzgeberin oder Souverän nicht gehören darf, weil diese Gewalt nur aus einzelnen Handlungen besteht, die außerhalb des

Gesetzes, mithin auch außerhalb des Souveräns liegen, dessen Akte nur Gesetze sein können.

Die öffentliche Gewalt braucht daher eine eigene wirkende Kraft, die sie vereint und nach den Weisungen des Gemeinwillens bewegt, die der Kommunikation zwischen Staat und Souverän dient und in der öffentlichen Person gewissermaßen so wirkt wie im Menschen die Verbindung von Seele und Körper. Dies begründet im Staat das Wirken der Regierung, die fälschlicherweise mit dem Souverän verwechselt wird, dessen Diener sie nur ist.

Was ist also die Regierung? Eine Zwischenkörperschaft, die zwischen den Untertanen und dem Souverän zu ihrer gegenseitigen Verbindung eingesetzt und mit der Ausführung der Gesetze und der Aufrechterhaltung der bürgerlichen und politischen Freiheit beauftragt ist.

Die Glieder dieser Körperschaft heißen höhere Beamte *[Magistrats]* oder *Könige [Roys]*, das heißt *Regierende [Gouverneurs]*, und die ganze Körperschaft trägt den Namen Fürst *[Prince]*[1]. Wer also behauptet, der Akt, durch den sich ein Volk seinen Oberhäuptern unterwirft, sei kein Vertrag, hat überaus recht. Es ist lediglich ein Auftrag, ein Amt, in dem sie als einfache Beamte des Souveräns in seinem Namen die Macht ausüben, die er ihnen übertragen hat und die er, sobald es ihm gefällt, begrenzen, verändern und entziehen kann, da die Veräußerung eines solchen Rechtes mit der Natur des Gesellschaftskörpers unvereinbar ist und dem Zweck der Assoziation widerspricht.

Ich nenne daher *Regierung* oder oberste Verwaltung die rechtmäßige Ausübung der exekutiven Gewalt und Fürst oder Magistrat den Mann oder die Körperschaft, die mit dieser Verwaltung beauftragt sind.

In der Regierung befinden sich die vermittelnden Kräfte, deren Beziehungen die des Ganzen zum Ganzen oder des Souveräns zum Staat bilden. Die letztgenannte Beziehung läßt sich durch die äußeren Glieder einer Verhältnisgleichung darstellen, deren mittleres Glied die Regierung ist. Die Regierung erhält vom Souverän die Befehle, die sie dem Volk weitergibt. Damit der Staat

[1] So nennt man in Venedig den Senat *Durchlauchtigster Fürst*, auch wenn der Doge nicht anwesend ist.

im Gleichgewicht bleibt, muß alles in allem Gleichheit bestehen zwischen dem Produkt oder der Macht der Bürger, die einerseits Souverän und andererseits Untertanen sind.

Außerdem kann keines dieser drei Glieder verändert werden, ohne sofort das Verhältnis aufzulösen. Will der Souverän regieren oder der Magistrat Gesetze erlassen oder wollen die Untertanen den Gehorsam verweigern, folgt der Regel die Unordnung, Macht und Wille handeln nicht mehr im Einklang, und der aufgelöste Staat verfällt dem Despotismus oder der Anarchie. Wie es zwischen jedem Verhältnis nur ein mittleres Verhältnisglied gibt, gibt es auch in einem Staat nur eine gute Regierung. Da aber tausend Ereignisse die Verhältnisse eines Volkes verändern können, können nicht nur verschiedene Regierungen für verschiedene Völker, sondern auch für dasselbe Volk zu verschiedenen Zeiten gut sein.

Um von den verschiedenen Verhältnissen, die zwischen diesen beiden Extremen bestehen können, eine Vorstellung zu geben, will ich die Bevölkerungszahl als Beispiel nehmen, da sie ein leichter auszudrückendes Verhältnis bildet.

Nehmen wir an, der Staat bestehe aus zehntausend Bürgern. Der Souverän kann nur kollektiv und als Körper betrachtet werden; aber jeder einzelne ist als Untertan ein Individuum. Demnach verhält sich der Souverän zum Untertan wie zehntausend zu eins; das heißt, jedes Mitglied des Staates besitzt nur den zehntausendsten Teil der souveränen Gewalt, obwohl es ihr ganz unterworfen ist. Besteht das Volk aus hunderttausend Menschen, ändert das nichts an der Stellung der Untertanen, und jeder trägt gleichermaßen die ganze Herrschaft der Gesetze, während seine auf den hunderttausendsten Teil reduzierte Stimme bei ihrer Abfassung einen zehnmal geringeren Einfluß ausübt. Während der Untertan stets eins bleibt, wächst das Verhältnis zum Souverän mit der wachsenden Anzahl der Staatsbürger. Hieraus folgt, daß die Freiheit um so kleiner wird, je größer der Staat ist.

Wenn ich sage, das Verhältnis wächst, so verstehe ich darunter, daß es sich von der Gleichheit entfernt. Je größer das Verhältnis im mathematischen Sinn ist, desto weniger Verhältnis ist im gewöhnlichen Sinne vorhanden. Im ersten Sinn wird das Verhältnis der Zahl nach betrachtet und mit Hilfe des Exponenten gemessen, im anderen seinem Wesen nach betrachtet und nach der Ähnlichkeit bewertet.

Je weniger nun die Einzelwillen mit dem Gemeinwillen, das heißt die Sitten mit den Gesetzen übereinstimmen, um so mehr muß die unterdrückende Gewalt zunehmen. Die Regierung muß also, um gut zu sein, relativ um so stärker sein, je zahlreicher das Volk ist.

Da andererseits die Vergrößerung des Staates den Inhabern der öffentlichen Gewalt mehr Versuchungen und Mittel bietet, ihre Macht zu mißbrauchen, muß in dem Maße, wie die Regierung größere Gewalt bekommt, um das Volk in Schranken zu halten, auch der Souverän mehr Gewalt bekommen, um die Regierung in Schranken zu halten. Ich spreche hier nicht von einer absoluten, sondern von der relativen Gewalt der verschiedenen Teile des Staates.

Aus dieser doppelten Beziehung folgt, daß die kontinuierliche Verhältnismäßigkeit zwischen Souverän, Fürst und Volk keine willkürliche Idee ist, sondern eine notwendige Konsequenz aus der Natur des politischen Körpers. Ferner folgt daraus: Da eines der äußeren Glieder, und zwar das Volk als Untertan, unveränderlich ist und durch die Einheit dargestellt wird, muß, sooft die doppelte Verhältnissumme zu- oder abnimmt, auch die einfache in gleicher Weise zu- oder abnehmen und folglich das mittlere Glied sich verändern. Dies beweist, daß es nicht eine einzige und absolute Regierungsform gibt, sondern so viele ihrem Wesen nach verschiedene Regierungen wie ihrer Größe nach verschiedene Staaten.

Wollte man dieses System ins Lächerliche ziehen und sagen, daß man, um dieses Mittelglied zu finden und den Regierungskörper zu bilden, nach meiner Ansicht nur die Quadratwurzel aus der Einwohnerzahl zu ziehen brauche, so würde ich erwidern, daß ich diese Zahl nur als Beispiel nehme. Die Verhältnisse, von denen ich rede, lassen sich nicht allein nach der Zahl der Menschen bemessen, sondern im allgemeinen nach der Anzahl der Handlungen, die sich aus einer Vielzahl von Ursachen ergibt. Wenn ich übrigens, um mich mit weniger Worten auszudrücken, einen Augenblick lang der Mathematik einige Ausdrücke entlehne, so weiß ich doch sehr wohl, daß es bei moralischen Größen keine mathematische Genauigkeit geben kann.

Die Regierung ist im kleinen, was der politische Körper, der sie einschließt, im großen ist: eine moralische Person, mit gewissen Fähigkeiten ausgestattet, aktiv wie der Souverän, passiv wie der Staat, die man in andere ähnliche Verhältnisse zerlegen kann. Daraus entsteht eine neue Proportion und in dieser immer wieder eine andere, entsprechend der Instanzenordnung, bis man zu einem unteilbaren Mittelglied gelangt, das heißt zu einem einzigen Oberhaupt oder höchsten Beamten, den man sich inmitten dieser Reihe wie die Eins zwischen der Reihe der Brüche und der der Zahlen vorstellen kann.

Statt uns in diesem Wirrwarr der Ausdrücke zu verwickeln, wollen wir uns damit begnügen, die Regierung als einen neuen Körper im Staate zu betrachten, der sich vom Volk wie vom Souverän unterscheidet und zwischen beiden steht.

Zwischen diesen beiden Körpern besteht der wesentliche Unterschied, daß der Staat aus sich selbst und die Regierung nur durch den Souverän existiert. Mithin ist oder soll der herrschende Wille des Fürsten nichts anderes als der Gemeinwille oder das Gesetz sein, seine Macht ist nur die in ihm konzentrierte öffentliche Macht; sobald er aus sich selbst irgendeinen absoluten und unabhängigen Akt vornehmen will, beginnt das Band des Ganzen sich zu lockern. Sollte es aber vorkommen, daß der Fürst einen Sonderwillen hätte, der aktiver als der des Souveräns wäre, und er die in seinen Händen ruhende öffentliche Gewalt nutzte, um diesem Willen zu folgen, so daß man gleichsam zwei Souveräne hätte, einen de jure und einen de facto, würde sofort die gesellschaftliche Einheit schwinden und der politische Körper sich auflösen.

Damit der Regierungskörper indessen Existenz und wirkliches Leben erhält, das ihn vom Staatskörper unterscheidet, damit alle seine Glieder in Übereinstimmung wirken und dem Zwecke entsprechen können, für den er bestimmt ist, braucht er ein besonderes *Ich*, ein gemeinsames Empfinden seiner Glieder, eine Kraft und einen eigenen Willen, der auf seine Erhaltung gerichtet ist. Diese besondere Existenz setzt Versammlungen, Räte, Vollmachten, zu beraten und zu beschließen, Rechte, Titel und Privilegien voraus, die ausschließlich dem Fürsten zustehen und den Stand des Beamten um so ehrenvoller machen, je beschwerlicher er ist. Die Schwierigkeiten liegen darin, dieses untergeordnete Ganze dem Staatsganzen so einzuordnen, daß es die allgemeine Verfassung nicht durch Stärkung der eigenen entstellt, daß es stets die zu seiner eigenen Erhaltung bestimmte besondere Macht von der öffentlichen Macht, die zur Erhaltung des Staates dienen soll, unterscheidet, kurz, daß es immer bereit ist, die Regierung dem Volk und nicht das Volk der Regierung zu opfern.

Obwohl übrigens der künstliche Körper der Regierung das Werk eines anderen künstlichen Körpers ist und gewissermaßen nur ein geliehenes und untergeordnetes Leben hat, hindert das nicht, daß er mit mehr oder weniger Kraft oder Schnelligkeit handeln und sich sozusagen einer mehr oder weniger robusten Gesundheit erfreuen kann. Endlich kann er, ohne sich direkt vom Zweck seiner Einrichtung zu entfernen, mehr oder weniger davon abweichen, je nach Art seiner Beschaffenheit.

Aus all diesen Verschiedenheiten entstehen die verschiedenen Beziehungen, die die Regierung mit dem Staatskörper haben muß, je nach den zufälligen und besonderen Beziehungen, durch die dieser Staat selbst verändert wird. Denn oft wird die an sich beste Regierung zur übelsten, wenn ihre Beziehungen nicht entsprechend den Mängeln des politischen Körpers, dem sie angehört, abgeändert werden.

II. KAPITEL

Vom Prinzip, das den verschiedenen Regierungsformen zugrunde liegt

Um die allgemeine Ursache dieser Verschiedenheiten darzulegen, ist hier der Fürst von der Regierung zu unterscheiden, wie vorher der Staat vom Souverän.

Der Beamtenkörper kann aus einer größeren oder kleineren Anzahl von Gliedern bestehen. Wir sahen, daß das Verhältnis zwischen Souverän und Untertanen um so größer ist, je zahlreicher das Volk ist; in offenkundiger Analogie dazu können wir dasselbe von der Regierung in bezug auf die Regierungsbeamten sagen.

Da die Gesamtmacht der Regierung immer die des Staates ist, ändert sie sich nicht; daraus folgt: Je mehr sie von dieser Macht auf ihre eigenen Glieder verwendet, desto weniger bleibt ihr, um auf das ganze Volk zu wirken.

Je zahlreicher also die Beamten, desto schwächer die Regierung. Da diese Regel von grundlegender Bedeutung ist, wollen wir uns bemühen, sie noch mehr zu erhellen.

In der Person des Beamten können wir drei wesentlich verschiedene Willen unterscheiden: 1. den eigenen Willen des Individuums, der nur auf seinen eigenen Vorteil gerichtet ist; 2. den gemeinsamen Willen der Beamten, der sich allein auf den Vorteil des Fürsten bezieht und den man körperschaftlichen Willen nennen kann, er ist in bezug auf die Regierung allgemein, in bezug auf den Staat, von dem die Regierung ein Teil ist, einzeln; 3. den Willen des Volkes oder souveränen Willen, der sowohl in bezug auf den Staat als Ganzes als auch in bezug auf die Regierung als Teil des Ganzen allgemein ist.

In einer vollkommenen Gesetzgebung muß der einzelne oder individuelle Wille gleich Null, der der Regierung eigene körperschaftliche Wille sehr untergeordnet und der Gemein- oder souveräne Wille folglich immer vorherrschend und die Richtschnur für alle anderen sein.

Der natürlichen Ordnung zufolge werden dagegen diese verschiedenen Willen immer aktiver werden, je mehr sie sich konzentrieren. So ist der Gemeinwille immer der schwächste, der körperschaftliche Wille nimmt die zweite und der Einzelwille die erste Stelle ein: In der Regierung ist folglich jedes Mitglied zuerst es selbst, dann Beamter, schließlich Bürger; eine Stufenfolge, die der von der gesellschaftlichen Ordnung verlangten direkt zuwiderläuft.

Befindet sich nun, dies vorausgesetzt, die gesamte Regierung in den Händen eines einzigen Menschen, so ist der Einzelwille und der Körperschaftswille vollkommen eins und folglich von höchstmöglicher Stärke. Da nun der Gebrauch der Macht vom Grad des Willens abhängt und die absolute Macht der Regierung unveränderlich ist, folgt daraus, daß die aktivste Regierung die eines einzigen Menschen ist.

Verbinden wir dagegen die Regierung mit der Legislative; machen wir den Souverän zum Fürsten und alle Bürger zu Beamten: der Körperschaftswille, in den Gemeinwillen übergegangen, wird dann nicht aktiver als dieser sein, und der Einzelwille bewahrt seine ganze Kraft. So wird die Regierung, obwohl ihre absolute Macht gleich bleibt, auf das *Minimum* ihrer relativen Macht oder Wirksamkeit sinken.

Diese Beziehungen sind unbestreitbar, und andere Betrachtungen bestätigen sie noch. Man sieht zum Beispiel, daß jeder Beamte in seiner Körperschaft aktiver ist als jeder Bürger in der seinen und daß mithin der Einzelwille weit mehr Einfluß auf die Handlungen der Regierung als auf die des Souveräns hat. Denn jeder Beamte ist fast immer mit einer Regierungsfunktion betraut, während kein Bürger, für sich genommen, eine Hoheitsfunktion erfüllt. Je mehr sich überdies der Staat ausdehnt, desto mehr nimmt seine tatsächliche Macht zu, wenn auch nicht im Verhältnis seiner Ausdehnung. Bleibt der Staat jedoch der gleiche, dann können sich die Beamten noch so sehr vermehren, die Regierung erhält dadurch keine tatsächliche größere Macht, denn diese Macht ist die des Staates und bleibt immer gleich. So vermindert sich die relative Stärke oder die Wirksamkeit der Regierung, ohne daß ihre absolute oder wirkliche Stärke zunehmen kann.

Ferner ist sicher, daß die Erledigung der Geschäfte langsamer vor sich geht, je mehr Leute daran beteiligt sind. Baut man zu sehr auf die Vorsicht, vertraut man zuwenig dem Glück, läßt man sich die Gelegenheit entgehen und verliert vor lauter Überlegen oft die Frucht der Überlegung.

Ich habe eben bewiesen, daß die Regierung um so schlaffer wird, je mehr die Beamten zunehmen, und auch, daß die unterdrückende Macht zunehmen muß, je zahlreicher das Volk ist. Daraus folgt, daß das Verhältnis zwischen Beamten und Regierung umgekehrt dem Verhältnis zwischen Untertanen und Souverän sein muß; das heißt, je größer der Staat wird, desto eingeschränkter muß die Regierung werden, so daß mit wachsender Bevölkerungszahl die Zahl der Vorgesetzten abnimmt.

Übrigens spreche ich hier nur von der relativen Macht der Regierung und nicht von ihrer Gradlinigkeit: denn im Gegenteil, je zahlreicher die Beamtenschaft, desto mehr nähert sich der Körperschaftswille dem Gemeinwillen; während, wie ich schon gesagt habe, unter einem einzigen Oberhaupt dieser Körperschaftswille nur ein Einzelwille ist. So verliert man auf der einen Seite, was man auf der anderen gewinnen kann, und die Kunst des Gesetzgebers besteht darin, den Punkt festzuhalten, wo sich die Macht und der Wille der Regierung, immer umgekehrt proportional, im für den Staat vorteilhaftesten Verhältnis vereinigen.

III. KAPITEL
Einteilung der Regierungen

Wir sahen im vorigen Kapitel, warum man die verschiedenen Arten oder Formen von Regierungen nach der Zahl ihrer Mitglieder unterscheidet; in diesem Kapitel bleibt zu zeigen, wie diese Einteilung vorgenommen wird.

Der Souverän kann erstens die Regierung dem ganzen Volk oder dem größten Teil des Volkes übertragen, so daß es mehr beamtete als einfache private Bürger gibt. Diese Regierungsform nennt man *Demokratie*.

Oder er kann die Regierung in die Hände weniger legen, so daß es mehr einfache Bürger als Beamte gibt; diese Form wird *Aristokratie* genannt.

Schließlich kann er die ganze Regierung in die Hand eines einzigen Beamten legen, von dem alle anderen ihre Macht empfangen. Diese dritte Form ist die verbreitetste und heißt *Monarchie* oder königliche Regierung.

Hierbei ist zu bemerken, daß alle diese Formen, oder wenigstens die beiden ersten, mehr oder weniger ausgeprägt sind und einen ziemlich weiten Spielraum haben; denn die Demokratie kann das ganze Volk umfassen oder sich bis auf die Hälfte beschränken. Die Aristokratie ihrerseits kann von der Hälfte des Volkes bis auf eine unbestimmt kleine Zahl schrumpfen. Selbst das Königtum ist einer Teilung fähig. Sparta hatte gemäß seiner Verfassung immer zwei Könige; im Römischen Reich gab es mitunter acht Kaiser auf einmal, ohne daß man sagen könnte, das Reich wäre geteilt gewesen. So gibt es einen Punkt, wo eine jede Regierungsform in die nächste übergeht, und man sieht, daß unter nur drei Benennungen die Regierung in der Tat ebenso vieler verschiedener Formen fähig ist, wie der Staat Bürger hat.

Mehr noch: da sich ein und dieselbe Regierung in mancher Hinsicht in weitere Teile zergliedern kann, von denen der eine auf diese, der andere auf jene Weise verwaltet wird, kann aus der Verbindung dieser drei Formen eine Vielfalt von Mischformen entstehen, von denen jede mit allen einfachen Formen multiplizierbar ist.

Man hat zu allen Zeiten viel über die beste Regierungsform gestritten, ohne zu bedenken, daß jede in bestimmten Fällen die beste und in anderen die schlechteste ist.

Wenn in den verschiedenen Staaten die Zahl der höchsten Regierungsbeamten im umgekehrten Verhältnis zur Zahl der Staatsbürger stehen muß, so folgt daraus, daß im allgemeinen die demokratische Regierung für kleine, die aristokratische für mittlere und die Monarchie für große Staaten geeignet ist. Diese Regel ist unmittelbar aus dem Prinzip abzuleiten; wer aber vermöchte die vielen Umstände aufzuzählen, die zu Ausnahmen führen können?

IV. KAPITEL
Von der Demokratie

Wer das Gesetz macht, weiß besser als irgendwer, wie es ausgeführt und ausgelegt werden soll. Es scheint demnach keine bessere Verfassung geben zu können als jene, bei der Exekutive und Legislative vereint sind. Aber gerade das macht diese Regierung in mancher Hinsicht untauglich, weil die Dinge, die unterschieden werden müssen, es nicht sind und weil Fürst und Souverän als ein und dieselbe Person gleichsam eine Regierung ohne Regierung bilden.

Es ist weder gut, daß der, der die Gesetze macht, sie anwendet, noch daß der Volkskörper seine Aufmerksamkeit von der Gesamtsicht abwendet, um sie auf besondere Gegenstände zu richten. Nichts ist gefährlicher als der Einfluß der Privatinteressen auf die öffentlichen Angelegenheiten, und der Mißbrauch der Gesetze von seiten der Regierung ist ein geringeres Übel als die Korruption des Gesetzgebers, die unausbleibliche Folge privater Absichten. Wenn der Staat erst in seiner Substanz entstellt ist, wird jede Reform unmöglich. Ein Volk, das die Regierung niemals mißbrauchen würde, würde auch nicht seine Unabhängigkeit mißbrauchen; ein Volk, das immer gut regierte, brauchte nicht regiert zu werden.

Strenggenommen hat es niemals eine wirkliche Demokratie gegeben und wird es sie auch niemals geben. Es ist gegen die natürliche Ordnung, daß die große Zahl regiert und die kleine regiert wird. Es ist nicht vorstellbar, daß das Volk ständig versammelt bleibt, um über die öffentlichen Angelegenheiten zu beraten, und es ist leicht einzusehen, daß es dafür keine Ausschüsse einsetzen kann, ohne daß sich die Form der Verwaltung verändert.

Ich glaube in der Tat, das Prinzip aufstellen zu können, daß, sobald die Regierungsfunktionen auf mehrere Behörden verteilt sind, die nach Zahl der Beamten kleinsten früher oder später die größte Macht erwerben, allein weil sie natürlicherweise die Geschäfte mit größerer Leichtigkeit abzuwickeln vermögen.

Wie viele schwer zu vereinigende Dinge setzt diese Regierungsform doch voraus! Erstens einen sehr kleinen Staat, in dem sich das Volk leicht versammeln läßt und jeder Bürger bequem alle anderen kennenlernen kann; zweitens eine große Einfachheit der Sitten, die einer Fülle von Problemen und heiklen Diskussionen zuvorkommt; dann annähernde Gleichheit in Stand und Vermögen, ohne die die Gleichheit an Rechten und Machtbefugnis nicht lange besteht; schließlich wenig oder gar keinen Luxus, denn entweder ist der Luxus die Folge des Reichtums, oder er macht ihn notwendig; er korrumpiert den Reichen wie den Armen, jenen durch Besitz, diesen durch Habgier; er liefert das Vaterland der Verweichlichung und Eitelkeit aus; er entzieht dem Staat alle Bürger, um die einen zu Sklaven der anderen und alle zu Sklaven der öffentlichen Meinung zu machen.

Deshalb hat ein berühmter Autor die Tugend zum Prinzip der Republik erklärt; denn ohne die Tugend könnte keine dieser Bedingungen bestehen. Da er es jedoch an den notwendigen Unterscheidungen fehlen ließ, unterliefen diesem erhabenen Geist Ungenauigkeiten und Unklarheiten. Er übersah, daß die souveräne Autorität überall dieselbe ist und daher in allen gut konstituierten

Staaten das gleiche Prinzip gelten muß, allerdings mehr oder weniger, je nach der Regierungsform.

Fügen wir noch hinzu, daß es keine Regierung gibt, die so sehr Bürgerkriegen und inneren Erschütterungen ausgesetzt ist wie die demokratische oder Volksregierung, weil keine so kräftig und so beständig ihre Form zu verändern sucht und keine mehr Wachsamkeit und Mut zu deren Erhaltung verlangt. Namentlich in dieser Verfassung muß sich der Bürger mit Kraft und Ausdauer wappnen und jeden Tag seines Lebens im Grunde seines Herzens nachsprechen, was ein edler Wojewode[1] im polnischen Reichstag sagte: *Malo periculosam vitam quam quietum servitium.*

Gäbe es ein Volk von Göttern, es würde sich demokratisch regieren. Eine so vollkommene Regierung ist für Menschen nicht angemessen.

V. KAPITEL
Von der Aristokratie

Wir haben es hier mit zwei deutlich unterschiedenen moralischen Personen zu tun, nämlich der Regierung und dem Souverän, folglich mit zwei Gemeinwillen, von denen der eine sich auf alle Bürger, der andere lediglich auf die Mitglieder der Verwaltung bezieht. Obgleich die Regierung ihre innere Ordnung so einrichten kann, wie sie es für richtig hält, kann sie zum Volk nur im Namen des Souveräns, das heißt des Volkes selber, sprechen; das darf man nie vergessen.

Die ersten Gesellschaften wurden aristokratisch regiert. Die Häupter der Familien berieten untereinander die öffentlichen Angelegenheiten; die jungen Männer fügten sich mühelos der Autorität der Erfahrung. Daher die Titel *Priester, Ältester, Senat, Geronten.* Die Wilden Nordamerikas regieren sich noch heute auf diese Weise, und zwar sehr gut.

Je mehr aber die institutionelle Ungleichheit die natürliche überwog, wurde Reichtum oder Macht[2] dem Alter vorgezogen,

[1] Der Wojewode von Posen, Vater des Königs von Polen und Herzogs von Lothringen.

[2] Das Wort *Optimates* bezeichnet bei den Alten offensichtlich nicht die Besten, sondern die Mächtigsten.

und es entstand eine Wahlaristokratie. Als schließlich die Macht mit dem Vermögen des Vaters auf die Kinder übertragen wurde und so Patrizierfamilien entstanden, wurde die Regierung erblich, und man sah Zwanzigjährige als Senatoren.

Es gibt mithin drei Arten von Aristokratie: die natürliche, die Wahl- und die Erbaristokratie. Die erste ist nur für einfache Völker geeignet; die dritte ist die schlechteste aller Regierungen. Die zweite ist die beste, sie ist die Aristokratie im eigentlichen Sinne.

Außer dem Vorteil der Trennung der zwei Gewalten hat sie noch den, daß ihre Mitglieder gewählt werden. Denn in einer Volksregierung werden alle Bürger als Beamte geboren; die Aristokratie aber beschränkt diese auf eine kleine Zahl, die nur aus der Wahl hervorgeht[1]; durch dieses Mittel werden Rechtschaffenheit, Einsicht, Erfahrung und alles, was Vorzug und öffentliche Achtung begründet, zu ebenso vielen Garanten einer weisen Regierung. Außerdem können Versammlungen bequemer abgehalten werden, die Geschäfte lassen sich besser diskutieren, sie werden sorgfältiger und rascher erledigt, das Ansehen des Staates im Ausland wird durch angesehene Senatoren mehr gefördert als durch eine unbekannte oder verachtete Menge.

Mit einem Worte, es ist die beste und natürlichste Ordnung, daß die Weisesten die Menge regieren, wenn man sicher ist, daß sie sie zu deren Nutzen und nicht zu ihrem eigenen Vorteil regieren werden. Man darf nicht grundlos die Ämter vermehren und durch zwanzigtausend machen lassen, was hundert ausgesuchte Männer besser können. Dabei ist zu bemerken, daß hier das Körperschaftsinteresse anfängt, die öffentliche Macht weniger entsprechend dem Gemeinwillen zu lenken, und daß eine andere, unvermeidliche Neigung den Gesetzen einen Teil ihrer Vollzugsgewalt nimmt.

Was die besonderen Bedingungen betrifft, braucht der Staat weder so klein noch das Volk so einfach und rechtschaffen zu

[1] Von großer Wichtigkeit ist es, die Form der Wahl der Beamten durch Gesetze festzulegen: wenn man sie dem Willen des Fürsten überläßt, fällt man unvermeidlich in die Erbaristokratie, wie es den Republiken von *Venedig* und *Bern* ergangen ist. Erstere ist seit langem ein aufgelöster Staat, während sich letztere durch die außerordentliche Weisheit ihres Senats hält; das ist eine sehr ehrenwerte, aber auch sehr gefährliche Ausnahme.

sein, daß die Ausführung der Gesetze unmittelbar dem öffentlichen Willen folgt, wie in einer guten Demokratie. Es darf auch keine so große Nation sein, daß die einzelnen Häupter in ihren jeweiligen Landesteilen den Souverän spielen und anfangen, sich unabhängig zu machen, um schließlich selber Herr zu werden.

Wenn die Aristokratie einige Tugenden weniger verlangt als die Volksregierung, so verlangt sie dafür andere, die ihr eigen sind, wie Mäßigung der Reichen und Genügsamkeit der Armen; denn eine strenge Gleichheit scheint bei ihr nicht angebracht; selbst in Sparta wurde sie nicht eingehalten.

Diese Regierungsform läßt übrigens deshalb eine gewisse Ungleichheit des Vermögens zu, damit die Verwaltung der öffentlichen Geschäfte gemeinhin denen übertragen werde, die ihr am besten ihre Zeit widmen können, nicht aber, wie Aristoteles behauptet, damit die Reichen immer bevorzugt werden. Es ist im Gegenteil wichtig, dem Volk bisweilen durch eine entgegengesetzte Wahl zu beweisen, daß das Verdienst der Menschen ein wichtigerer Grund zur Bevorzugung ist als Reichtum.

VI. KAPITEL
Von der Monarchie

Bisher haben wir den Fürsten als eine moralische und kollektive Person betrachtet, die durch die Kraft der Gesetze vereint und Träger der Vollzugsgewalt im Staate ist. Jetzt haben wir diese Gewalt als in den Händen einer natürlichen Person, eines wirklichen Menschen vereinigt zu betrachten, der allein das Recht hat, nach den Gesetzen darüber zu verfügen. Man nennt ihn Monarch oder König.

Im Gegensatz zu anderen Verwaltungsformen, in denen ein kollektives Wesen ein Individuum repräsentiert, repräsentiert hier ein Individuum ein Kollektivwesen. Auf diese Weise ist die moralische Einheit, die den Fürsten konstituiert, zugleich eine physische Einheit, in der alle Fähigkeiten, die das Gesetz mit so großer Anstrengung in der anderen vereinigt, von Natur aus vereinigt sind.

Der Wille des Volkes und der Wille des Fürsten, die allgemeine Staatsgewalt und die besondere Regierungsgewalt, alles entspringt dem gleichen Antrieb, alle Hebel der Maschine sind in einer Hand, alles strebt demselben Ziel zu. Es gibt keine entgegengesetzten, sich gegenseitig aufhebenden Bewegungen, und man kann sich keine Art von Verfassung denken, die mit geringerem Aufwand größere Wirkung hervorbringen würde. Archimedes, ruhig am Ufer sitzend und ein großes Schiff mühelos ins Wasser ziehend, stellt für mich einen geschickten Monarchen dar, der seine weiten Staaten von seinem Arbeitszimmer aus regiert und alles bewegt, während er selbst als unbewegt erscheint.

Wenn es auch keine Regierung gibt, die größere Kraft besitzt, so gibt es auch keine, in der der Einzelwille mehr Macht hat und die anderen leichter beherrscht. Alles strebt demselben Ziel zu, das ist wahr; aber dieses Ziel ist nicht das allgemeine Wohl, und die Stärke der Verwaltung selbst geht ständig auf Kosten des Staates.

Die Könige möchten absolute Herrscher sein, und von fern ruft man ihnen zu, das beste Mittel sei, die Liebe ihrer Völker zu erwerben. Diese Maxime ist sehr schön und in gewisser Hinsicht sogar sehr richtig: leider spottet man ihrer an den Höfen unentwegt. Die Macht, die der Liebe der Völker entspringt, ist zweifellos die größte; aber sie ist unsicher und bedingt; nie werden sich die Fürsten mit ihr begnügen. Die besten Könige möchten auch böse sein können, wenn es ihnen beliebt, und weiterhin Herren bleiben. Mag auch ein politischer Prediger ihnen sagen, die Stärke des Volkes sei ihre eigene und ihr größtes Interesse sei ein blühendes, zahlreiches und furchteinflößendes Volk; sie wissen sehr wohl, daß das nicht wahr ist. Ihr persönliches Interesse ist zuallererst, daß das Volk schwach und elend ist und daß es ihnen niemals Widerstand leisten kann. Ich gebe zu, könnte der Fürst immer vollkommen fügsame Untertanen voraussetzen, dann läge es in seinem Interesse, daß das Volk mächtig ist, damit diese Macht, die seine eigene ist, die Furcht seiner Nachbarn erregte. Da aber dieses Interesse zweitrangig und untergeordnet ist und beide Annahmen unvereinbar sind, ist es natürlich, daß die Fürsten stets den Grundsatz bevorzugen, der ihnen am unmittelbarsten nützt. Das hat Samuel den Hebräern eindringlich vor Augen gehalten; das hat Machiavelli klar bewiesen. Er gab vor, den

Königen Lehren zu erteilen, dabei gab er den Völkern große Lehren. *Der Fürst* von Machiavelli ist das Buch der Republikaner.

Wir sahen aus den allgemeinen Bedingungen, daß die Monarchie nur für große Staaten geeignet ist, und wir werden das bestätigt finden, wenn wir sie für sich betrachten. Je zahlreicher die Beamten sind, um so geringer wird das Verhältnis des Fürsten zu den Untertanen und nähert sich der Gleichheit, so daß in der Demokratie dieses Verhältnis gleich eins ist oder die Gleichheit selbst. Dasselbe Verhältnis vergrößert sich in dem Maß, wie die Regierung kleiner wird, und erreicht sein *Maximum*, wenn die Regierung in der Hand eines einzigen liegt. Dann ist der Abstand zwischen Fürsten und Volk zu groß, und es fehlt dem Staat der Zusammenhalt. Um ihn zu schaffen, braucht man vermittelnde Glieder: man braucht Fürsten, Große und Edelleute, die sie ausfüllen. Nichts von alledem paßt für einen kleinen Staat, den all diese Rangstufen zugrunde richten.

Ist es schon schwierig, einen großen Staat gut zu regieren, so noch weit schwieriger, daß er von einem einzigen Mann gut regiert wird; jeder weiß, was geschieht, wenn der König Vertreter ernennt.

Ein wesentlicher und unvermeidlicher Mangel, durch den die monarchische Regierungsform der republikanischen immer unterlegen sein wird, besteht darin, daß in der Republik die öffentliche Entscheidung fast immer nur aufgeklärte und fähige Männer, die ihren Ämtern Ehre machen, zu den höchsten Stellen erhebt. In den Monarchien gelangen zu ihnen dagegen häufig nur kleine Wirrköpfe, kleine Betrüger, kleine Intriganten, denen ihre kleinen Talente, die an den Höfen zu den großen Stellen führen, nur dazu dienen, der Öffentlichkeit ihre Unfähigkeit vorzuführen, sobald sie diese Stellen erklommen haben. Das Volk irrt sich weit weniger in der Wahl als der Fürst, und ein Mann von wahrem Verdienst ist in einem [königlichen] Ministerium fast so selten wie ein Dummkopf an der Spitze einer republikanischen Regierung. Ergreift daher infolge eines glücklichen Zufalls ein zum Regieren geborener Mann in einer durch diese Haufen sauberer Verwalter fast zugrunde gerichteten Monarchie das Ruder, dann staunt man über die Kräfte, die er findet. So etwas macht in einem Land Geschichte.

Damit ein monarchischer Staat gut regiert werden könnte, müßte seine Größe oder Ausdehnung nach den Fähigkeiten dessen bemessen werden, der ihn regiert. Erobern ist leichter als regieren. Besitzt man den hinreichenden Hebel, kann man mit einem Finger die Welt aus den Angeln heben; um sie zu tragen, bedarf es der Schultern des Herkules. Ist der Staat groß, ist der Fürst fast immer zu klein. Ist im Gegenteil der Staat für sein Oberhaupt zu klein – was sehr selten ist –, so wird er auch schlecht regiert, weil der Fürst, der immer der Größe seiner Entwürfe folgt, die Interessen der Völker vergißt und sie durch den Mißbrauch seiner überschüssigen Talente nicht weniger unglücklich macht als ein beschränktes Oberhaupt durch jene, die ihm fehlen. Man brauchte also ein Reich, das sich in jeder Herrschaftszeit nach dem Horizonte des Fürsten ausdehnt oder verengt. Da die Fähigkeiten eines Senats hingegen ein beständigeres Maß haben, kann der Staat feste Grenzen haben, ohne deshalb schlechter verwaltet zu werden.

Der empfindlichste Nachteil der Regierung eines einzigen ist der Mangel einer kontinuierlichen Nachfolge, die bei den beiden anderen ein ununterbrochenes Band bildet. Ist ein König tot, braucht man einen anderen. Wahlen lassen gefährliche Zwischenzeiten entstehen, sie sind stürmisch; und sind die Staatsbürger nicht von einer Uneigennützigkeit und Redlichkeit, wie sie in dieser Regierungsform kaum vorkommen, mischen sich Intrige und Korruption ein. Schwerlich wird der, dem sich der Staat verkauft hat, ihn nicht seinerseits verkaufen und sich an den Schwachen für das Geld entschädigen, das die Mächtigen von ihm erpreßt haben. Früher oder später wird unter einer solchen Regierung alles käuflich, und der Friede, den man dann unter den Königen genießt, ist schlimmer als die Unordnung der Interregnen.

Was hat man getan, um diesen Mißständen vorzubeugen? Man hat die Kronen in bestimmten Familien erblich gemacht und Nachfolgeregelungen getroffen, die jedem Streit beim Tod der Könige zuvorkommen; das heißt, indem man den Nachteil der Wahlen durch den der Regentschaft ersetzt, zieht man eine scheinbare Ruhe einer klugen Verwaltung vor und läßt es lieber darauf ankommen, daß Kinder, Monster und Idioten herrschen, als über die Wahl guter Könige streiten zu müssen. Man hat nicht bedacht, daß man fast immer verliert, setzt man sich den Gefahren einer solchen Alternative aus. Der junge Dionysios hatte recht, als er seinem Vater, der ihm eine Schandtat mit den Worten vorwarf: Gab ich dir ein solches Beispiel?, erwiderte: Dein Vater war auch nicht König!

Alles trägt dazu bei, einen zur Herrschaft über andere erzogenen Menschen von Gerechtigkeit und Vernunft fernzuhalten. Man gibt sich, wie man hört, viel Mühe, um junge Prinzen die Kunst des Regierens zu lehren: diese Erziehung scheint ihnen nicht zu nutzen. Man würde besser tun, sie zuerst die Kunst des Gehorchens zu lehren. Die größten Könige, die die Geschichte rühmt, sind nicht zum Regieren erzogen worden. Diese Wissenschaft beherrscht man um so weniger, je mehr man sie erlernt hat, und man erwirbt sie besser durch Gehorsam als durch Befehlen. *Nam utilissimus idem ac brevissimus bonarum malarumque rerum delectus, cogitare quid aut nolueris sub alio principe aut volueris.*[1]

Eine Folge dieses Mangels an Zusammenhalt ist die Unbeständigkeit der königlichen Regierung. Da sie, nach dem Charakter des regierenden Fürsten oder jener, die an seiner Statt regieren, bald diesen, bald jenen Plan befolgt, kann sie nicht lange ein festes Ziel und eine konsequente Haltung haben: dieser Wechsel, der bei anderen Regierungsformen, wo der Fürst immer derselbe ist, nicht vorkommt, läßt den Staat ständig von Grundsatz zu Grundsatz, von Entwurf zu Entwurf schwanken. Deshalb begegnet man im allgemeinen an einem Hofe mehr List und in einem Senat mehr Weisheit; Republiken gehen beständiger und beharrlicher auf ihre Ziele zu, während jede Umwälzung im Ministerium auch eine im Staat hervorruft, da alle Minister und fast alle Könige den Grundsatz teilen, in allem das Gegenteil ihrer Vorgänger zu tun.

Aus demselben Mangel an Zusammenhalt wird auch die Lösung eines Trugschlusses gewonnen, der bei monarchischen Politikern sehr beliebt ist. Sie vergleichen nicht nur die Regierung der Gesellschaft mit der der Familie und den Fürsten mit dem Familienvater – ein Irrtum, den ich bereits widerlegt habe –,

[1] Tacitus, *Hist.*, I. Buch.

sondern bekleiden sehr großzügig diesen Beamten mit allen Tugenden, die er nötig hätte, und setzen immer voraus, der Fürst sei, was er sein sollte: eine Annahme, bei der selbstverständlich die Monarchie allen anderen Regierungsformen vorzuziehen ist, weil sie unstreitig die stärkste ist und ihr, um auch die beste zu sein, nur fehlt, daß der Körperschaftswille besser mit dem Gemeinwillen übereinstimmt.

Wenn aber, nach Platon[1], der geborene König eine so seltene Erscheinung ist, wie oft werden Natur und Glück sich zusammentun, ihn zu krönen? Und wenn die königliche Erziehung notwendigerweise diejenigen verdirbt, die sie erhalten, was kann man von einer Abfolge von Männern erhoffen, die zum Herrschen erzogen wurden? Die königliche Regierung mit der eines guten Königs verwechseln ist demnach Selbsttäuschung. Um zu erkennen, was diese Regierung an sich ist, muß man sie unter beschränkten oder schlechten Fürsten betrachten; denn sie werden als solche den Thron besteigen, oder der Thron wird sie dazu machen.

Diese Schwierigkeiten sind unseren Autoren nicht entgangen, aber sie lassen sich davon nicht in Verlegenheit bringen. Das beste Heilmittel sei, ohne Murren zu gehorchen; Gott schickt die schlechten Könige in seinem Zorn, und man muß sie wie Züchtigungen des Himmels ertragen. Dergleichen Reden sind erbaulich, ohne Zweifel; aber ich weiß nicht, ob sie nicht besser auf die Kanzel als in ein Buch über Politik gehörten. Was soll man von einem Arzt halten, der Wunder verspricht und dessen ganze Kunst darin besteht, seine Kranken zur Geduld zu ermahnen? Daß man eine schlechte Regierung, hat man sie einmal, ertragen muß, ist bekannt. Die Frage wäre, eine gute zu finden.

VII. KAPITEL
Von den gemischten Regierungen

Strenggenommen gibt es keine einfache Regierungsform. Ein allein herrschendes Oberhaupt braucht untergeordnete Beamte; eine Volksregierung braucht ein Oberhaupt. Bei der Verteilung der Vollzugsgewalt gibt es daher immer eine Abstufung von der

[1] *In Civili.*

großen Zahl zur kleinen, mit dem Unterschied, daß mal die größere von der kleineren und mal die kleinere von der größeren abhängt.

Manchmal kommt es zu gleicher Aufteilung, entweder wenn die konstitutiven Bestandteile, wie in der englischen Regierung, gegenseitig voneinander abhängen oder wenn, wie in Polen, die Autorität eines jeden Teils unabhängig, aber unvollkommen ist. Letztere Form ist schlecht, weil der Regierung die Einheit und dem Staat der Zusammenhalt fehlt.

Welche ist nun besser, die einfache oder die gemischte Regierung? Eine bei den Politikern sehr umstrittene Frage, die gleiche Antwort verdient, wie ich sie weiter oben betreffs jeder Regierungsform gab.

Die einfache Regierung ist an sich die beste, schon allein weil sie einfach ist. Wenn aber die exekutive Gewalt nicht genug von der legislativen abhängt, das heißt, wenn zwischen dem Fürsten und dem Souverän ein größeres Verhältnis besteht als zwischen dem Volk und dem Fürsten, muß dieses Mißverhältnis durch Teilung der Regierung behoben werden; denn dann haben alle ihre Teile gleiche Autorität über die Untertanen, aber die Teilung macht sie allesamt dem Souverän gegenüber weniger stark.

Ferner läßt sich diesem Nachteil dadurch vorbeugen, daß man Zwischenbehörden einsetzt, die die Regierung als ein Ganzes belassen und nur dazu dienen, die beiden Gewalten im Gleichgewicht und in ihren entsprechenden Rechten zu erhalten. Dann ist die Regierung nicht gemischt, sondern gemäßigt.

Durch ähnliche Mittel kann der entgegengesetzte Nachteil behoben werden, indem man bei zu lockerer Regierung Instanzen errichtet, die sie straffen. Das geschieht in allen Demokratien. Im ersten Fall teilt man die Regierung, um sie zu schwächen, im zweiten, um sie zu stärken. Denn die *Maxima* an Stärke und Schwäche finden sich gleichermaßen in den einfachen Regierungsformen, während die gemischten Formen eine mittlere Stärke ergeben.

VIII. KAPITEL
Nicht jede Regierungsform ist für jedes Land geeignet

Da die Freiheit nicht Frucht eines jeden Klimas ist, ist sie nicht allen Völkern zugänglich. Je mehr man über dieses von Montesquieu aufgestellte Prinzip nachdenkt, desto mehr empfindet man seine Wahrheit; je mehr man es bestreitet, desto mehr bestätigt man es durch neue Beweise.

In allen Regierungen der Welt verbraucht die öffentliche Hand *[la personne publique]* und erzeugt nichts. Woher erhält sie, was sie verbraucht? Von der Arbeit ihrer Mitglieder. Der Überschuß der einzelnen erzeugt das für die Öffentlichkeit Notwendige. Daraus folgt, daß der gesellschaftliche Zustand so lange bestehen kann, wie die Arbeit der Menschen mehr erzeugt, als ihre Bedürfnisse verlangen.

Der Überschuß ist jedoch nicht in allen Ländern der Welt gleich. In einigen ist er erheblich, in anderen mittelmäßig, in anderen gleich Null, in anderen negativ. Er hängt von der Ergiebigkeit des Klimas, von der Art der Bearbeitung, die der Boden erfordert, von der Beschaffenheit seiner Erzeugnisse, von der Kraft seiner Bewohner, von ihrem größeren oder geringeren Bedarf und von einer Reihe ähnlicher Umstände ab.

Andererseits sind nicht alle Regierungen gleicher Natur; einige verschlingen mehr, andere weniger; die Unterschiede gründen auf jenem anderen Prinzip, wonach die öffentlichen Abgaben um so belastender werden, je weiter sie sich von ihrer Quelle entfernen. Nicht nach der Steuermenge ist die Belastung zu bemessen, sondern nach dem Weg, den sie zurücklegen muß, um wieder in die Hände zurückzukehren, aus denen sie gekommen ist. Vollzieht sich dieser Umlauf schnell und regelmäßig, so macht es nichts aus, ob man wenig oder viel bezahlt; das Volk ist dann immer reich und die Finanzlage vortrefflich. Dagegen wird ein Volk, sowenig es auch zahlt, durch stetes Geben bald erschöpft, wenn dieses wenige nicht zurückkommt: der Staat ist nie reich und das Volk bettelarm.

Daraus folgt, je größer der Abstand zwischen Volk und Regierung, desto drückender die Abgaben: deshalb ist das Volk in der

Demokratie am wenigsten belastet, in der Aristokratie mehr und in der Monarchie am schwersten. Die Monarchie eignet sich daher nur für reiche Nationen, die Aristokratie für Staaten mittleren Reichtums und mittlerer Größe und die Demokratie für kleine und arme Staaten.

Je mehr man darüber nachdenkt, um so mehr findet man darin den Unterschied zwischen freien und monarchischen Staaten. In ersteren wird alles zum gemeinsamen Nutzen verwandt; in den anderen stehen die öffentlichen und privaten Kräfte im umgekehrten Verhältnis zueinander; die einen erhöhen sich durch die Schwächung der anderen. Kurz, anstatt die Untertanen zu regieren, um sie glücklich zu machen, macht der Despotismus sie elend, um sie zu regieren.

So finden sich unter jedem Klima natürliche Ursachen, die die Regierungsform bedingen, diese wird nach der Gewalt des Klimas erzwungen, ja man kann sogar sagen, welche Art von Bewohnern ein Klima verlangt. Undankbare und unfruchtbare Gegenden, in denen der Ertrag die Arbeit nicht lohnt, müssen unbebaut und öde bleiben oder werden nur von Wilden bewohnt. Gegenden, in denen die Arbeit der Menschen nur das Notwendige erzeugt, müssen von barbarischen Völkern bewohnt werden; jede Zivilisation wäre dort unmöglich. Gegenden, in denen der Überschuß des Arbeitsertrages mittelmäßig ist, eignen sich für freie Völker; solche endlich, in denen reicher und fruchtbarer Boden großen Ertrag für geringe Arbeit ergibt, wollen monarchisch regiert werden, um den Überschuß der Untertanen durch den Luxus des Fürsten zu verbrauchen. Denn es ist besser, dieser Überfluß wird von der Regierung aufgezehrt als von den einzelnen verschwendet. Es gibt Ausnahmen, ich weiß es; allein diese Ausnahmen bestätigen die Regel, indem sie früher oder später Revolutionen hervorrufen, die die natürliche Ordnung der Dinge wieder herstellen.

Wir müssen stets die allgemeinen Gesetze von den besonderen Ursachen, die ihre Wirkung beeinflussen können, unterscheiden. Wäre der gesamte Süden von Republiken bedeckt und der ganze Norden von despotischen Staaten, es wäre nicht weniger wahr, daß wegen des Klimas der Despotismus für heiße Länder, die Barbarei für kalte und gute Verfassungen *[bonne politie]* für die gemäßigten Gegenden geeignet sind. Ich räume ein, man kann das Prinzip anerkennen, aber über seine Anwendung streiten: man könnte sagen, es gibt kalte und trotzdem sehr fruchtbare Länder und südliche, die sehr unfruchtbar sind. Aber diese Schwierigkeit besteht nur für jene, die die Sache nicht in allen ihren Beziehungen untersuchen. Man muß, wie ich schon gesagt habe, Arbeit, Kräfte, Verbrauch usw. berücksichtigen.

Nehmen wir an, von zwei gleich großen Gebieten bringt das eine fünf und das andere zehn ein. Verbrauchen nun die Bewohner des ersten vier und die des zweiten neun, so beträgt der Überschuß des ersten Ertrages ein Fünftel und der des zweiten ein Zehntel. Da die Überschüsse im umgekehrten Verhältnis zu den Erträgen stehen, gibt der Boden, der nur fünf hervorbringt, einen doppelt so großen Überschuß als der, der zehn hervorbringt.

Von einem doppelten Ertrag ist aber nicht die Rede, und ich glaube nicht, jemand wagte es, die Fruchtbarkeit kalter und heißer Länder im allgemeinen für gleich zu erklären. Nehmen wir jedoch diese Gleichheit einmal an. Vergleichen wir England mit Sizilien und Polen mit Ägypten. Weiter im Süden haben wir noch Afrika und Indien, weiter im Norden aber nichts mehr. Selbst bei angenommener Gleichheit des Ertrages, welcher Unterschied in der Bearbeitung! In Sizilien braucht man den Boden nur anzukratzen; wieviel Mühe dagegen in England, um ihn zu pflügen! Wo aber mehr Hände nötig sind, um den gleichen Ertrag zu erzielen, muß der Überschuß notwendigerweise geringer sein.

Man berücksichtige ferner, daß die gleiche Anzahl Menschen in den heißen Ländern viel weniger verzehrt. Das Klima verlangt Mäßigung, um sich wohl zu fühlen: Europäer, die dort wie zu Hause leben wollen, sterben sämtlich an Ruhr und Verdauungsstörungen. *Mit den Asiaten verglichen, sind wir*, sagt Chardin, *fleischfressende Tiere, Wölfe. Einige schreiben die Mäßigkeit der Perser der geringen Bebauung ihres Landes zu, ich dagegen glaube, ihr Land kennt keine Überfülle an Lebensmitteln, weil die Bewohner weniger brauchen. Wäre ihre Genügsamkeit*, fährt er fort, *die Folge der Kargheit ihres Landes, würden nur die Armen wenig essen, während es im allgemeinen doch alle tun; und man würde in jeder Provinz je nach Fruchtbarkeit des Bodens mehr oder weniger essen, während sich im ganzen Reich die gleiche Genügsamkeit findet. Sie rühmen sich ihrer Lebensweise und versichern, man brauche nur ihre Gesichtsfarbe zu betrachten, um anzuerkennen, um wieviel sie der der Christen überlegen ist. Die Gesichtsfarbe der Perser ist in der Tat rein, ihre Haut schön, fein und glatt, während die Gesichtsfarbe der ihnen unterworfenen Armenier, die nach europäischer Weise leben, rauh und von rötlichem Ausschlag ist und ihre Körper dick und schwer sind.*

Je mehr man sich dem Äquator nähert, desto bescheidener leben die Völker. Sie essen fast kein Fleisch; Reis, Mais, Kuskus, Hirse, Kassawa bilden die gewöhnlichen Nahrungsmittel. In Indien gibt es Millionen Menschen, deren Nahrung keinen Sou pro Tag kostet. Selbst in Europa sehen wir in bezug auf die Eßlust einen auffallenden Unterschied zwischen den nördlichen und südlichen Völkern. Ein Spanier kann von der Mahlzeit eines Deutschen acht Tage leben. In den Ländern, wo die Menschen größere Mengen essen, werden auch die Speisen zum Luxus. In England zeigt er sich an einer mit Fleisch überladenen Tafel; in Italien setzt man Zuckerwerk und Blumen vor.

Ähnliche Unterschiede bietet auch der Luxus der Kleidung. In Klimazonen mit plötzlichem und heftigem Witterungswechsel hat man bessere und einfachere Kleidung. Wo man sich nur um des Putzes willen kleidet, sucht man mehr Glanz als Nutzen; die Kleidung selbst wird zum Luxus. In Neapel kann man täglich Männer zum Posillipo spazieren sehen, die goldbesetzte Westen tragen, aber keine Strümpfe. Ebenso verhält es sich mit den Häusern: hat man nicht die Ungunst der Witterung zu fürchten, verwendet man alles auf äußere Pracht. In Paris, in London will man warm und bequem wohnen; in Madrid hat man prächtige Salons, aber keine schließenden Fenster, und man schläft in Rattenlöchern.

In warmen Ländern sind die Nahrungsmittel kräftiger und saftiger; das ist ein dritter Unterschied, der notwendigerweise auf den zweiten einwirken muß. Weshalb ißt man in Italien so viel Gemüse? Weil es dort gut, nahrhaft und äußerst wohlschmekkend ist. In Frankreich, wo es nur Wasser aufgenommen hat, nährt es nicht und spielt bei Tisch kaum eine Rolle; trotzdem nimmt es nicht weniger Land in Anspruch, und der Anbau kostet mindestens ebensoviel Mühe. Die Erfahrung lehrt, daß das nordafrikanische Getreide, das im übrigen dem französischen nachsteht, ungleich mehr Mehl liefert, während das Getreide Frankreichs seinerseits ergiebiger ist als jenes des Nordens. Daraus läßt sich im allgemeinen auf eine ähnliche Abstufung vom Äquator zum Pol schließen. Ist es aber nicht ein offensichtlicher Nachteil, wenn man bei gleichem Ertrag eine geringere Menge Nahrungsmittel erhält?

All diesen verschiedenen Betrachtungen kann ich noch eine hinzufügen, die sich aus ihnen ergibt und sie bestätigt: die warmen Länder brauchen weniger Bewohner als die kalten, obwohl sie mehr ernähren könnten. Das erzeugt einen doppelten Überschuß, wieder zugunsten des Despotismus. Je größer die Fläche ist, die eine gleiche Anzahl von Einwohnern bewohnt, desto schwieriger werden Aufstände, weil man sich weder schnell noch heimlich abstimmen kann und die Regierung immer leicht die Pläne aufdecken und die Verbindungen abschneiden kann. Je enger hingegen ein zahlreiches Volk zusammenrückt, desto weniger kann die Regierung die Macht des Souveräns usurpieren. Seine Anführer beraten in ihren Zimmern ebenso sicher wie der Fürst in seinem Kabinett, und die Menge sammelt sich auf den Plätzen ebenso schnell wie die Truppen in ihren Kasernen. In dieser Beziehung sind also große Entfernungen für eine tyrannische Regierung ein Vorteil. Mit Hilfe von Stützpunkten wächst ihre Kraft mit der Entfernung, wie bei einem Hebel.[1] Die des Volkes wirkt dagegen nur vereint; sie verflüchtigt und verliert sich, indem sie sich ausdehnt, wie auf der Erde verstreutes Pulver sich nur von Korn zu Korn entzündet. Die am wenigsten bevölkerten Länder eignen sich daher am besten für die Tyrannei: wilde Tiere herrschen nur in Wüsten.

[1] Dies widerspricht nicht dem, was ich im IX. Kapitel des Zweiten Buchs über die Nachteile großer Staaten gesagt habe: dort handelte es sich um die Autorität der Regierung über ihre Mitglieder, und hier handelt es sich um ihre Macht über die Untertanen. Ihre über das Land verteilten Mitglieder dienen ihr als Stützpunkte, um aus der Ferne auf das Volk zu wirken; aber sie hat keinen Stützpunkt, um unmittelbar auf diese Mitglieder selbst zu wirken. In dem einen Falle ist die Länge des Hebels seine Schwäche, in dem andern seine Stärke.

IX. KAPITEL

Von den Merkmalen einer guten Regierung

Will man absolut wissen, welche Regierung die beste ist, so stellt man eine ebenso unlösbare wie unbestimmte Frage; oder, wenn man will, eine Frage, die ebenso viele richtige Lösungen hat, wie es mögliche Kombinationen der absoluten und relativen Stellungen der Völker gibt.

Fragt man dagegen, woran man erkennen kann, ob ein bestimmtes Volk gut oder schlecht regiert wird, so ist das etwas anderes, diese Frage läßt sich beantworten.

Man löst sie aber nicht, weil jeder sie auf seine Weise lösen will. Die Untertanen preisen die öffentliche Ruhe, die Bürger die persönliche Freiheit; der eine zieht die Sicherheit des Eigentums vor, der andere die der Person; dem einen gilt die strengste Regierung als die beste, dem anderen die mildeste; dieser verlangt die Bestrafung, der andere die Verhütung der Verbrechen; der eine will gern von den Nachbarn gefürchtet werden, der andere bliebe lieber unbeachtet; der eine ist zufrieden, wenn Geld im Umlauf ist, der andere verlangt Brot für das Volk. Selbst wenn man über diese und ähnliche Punkte einer Ansicht wäre, hätte man damit viel gewonnen? Für moralische Größen gibt es kein genaues Maß; wäre man auch über das Zeichen einig, wie sollte man es bei der Bewertung sein?

Mich erstaunt es immer wieder, daß man ein so einfaches Merkmal verkennt oder böswillig leugnet. Was ist der Zweck der politischen Assoziation? Die Erhaltung und das Wohl ihrer Mitglieder. Und welches ist das sicherste Merkmal, daß sie sich erhalten und gedeihen? Ihre Anzahl und die Zunahme der Bevölkerung. Man suche also dieses vielumstrittene Merkmal nicht woanders. Bei Gleichheit aller übrigen Dinge ist unfehlbar die Regierung die beste, unter der sich ohne fremde Mittel, ohne Einbürgerungen und ohne Kolonien die Zahl der Bürger am stärksten vermehrt. Die Regierung dagegen, unter der ein Volk abnimmt und dahinschwindet, ist die schlechteste. Jetzt, ihr Rechenkünstler, macht euch ans Werk; zählt, meßt und vergleicht![1]

[1] Man muß nach dem gleichen Prinzip über die Jahrhunderte urteilen, die im Hinblick auf das Gedeihen des menschlichen Geschlechtes den Vorzug verdie-

X. KAPITEL
Vom Missbrauch der Regierung und ihrer Neigung zu degenerieren

Wie der Einzelwille ständig gegen den Gemeinwillen kämpft, so kämpft auch die Regierung ständig gegen die Souveränität. Je angestrengter dieser Kampf, desto entstellter die Verfassung. Da es hier keinen anderen Körperschaftswillen gibt, der dem Fürsten widersteht und so das Gleichgewicht wiederherstellt, muß es früher oder später dahin kommen, daß der Fürst den Souverän unterdrückt und den Gesellschaftsvertrag bricht. Das ist der innewohnende und unvermeidbare Mangel, der den Staatskörper von Geburt an ständig zu zerstören droht, wie Alter und Tod schließlich den Körper des Menschen zerstören.

nen. Man hat zu sehr die Zeitalter bewundert, in denen Wissenschaften und Künste in Blüte standen, ohne in den verborgenen Grund ihrer Kultur einzudringen, ohne ihre verheerenden Wirkungen zu erkennen: *idque apud imperitos humanitas vocabatur, cum pars servitutis esset.* Werden wir hinter den Buchweisheiten nie den plumpen Eigennutz erkennen, der aus den Autoren spricht? Nein, wie sie es auch drehen mögen: wenn trotz allem Glanz ein Land sich entvölkert, dann ist es nicht wahr, daß alles zum besten steht, und es genügt nicht, daß ein Dichter hunderttausend Livres Rente bezieht, um sein Jahrhundert zum besten aller Zeiten zu machen. Es kommt weniger auf die sichtbare Ruhe und auf die Zufriedenheit der Machthaber an als auf das Wohlergehen der Nationen im ganzen und besonders der zahlenmäßig stärksten Stände. Hagel verwüstet einige Kantone, ruft aber nur selten eine Hungersnot hervor. Aufstände und Bürgerkriege erschrecken die Machthaber aufs ärgste, machen aber nicht die wahren Leiden der Völker aus, die sich bei dem Streit darüber, wer sie künftig tyrannisieren soll, sogar erholen können. Aus dem Dauerzustand, in dem sie leben, erwachsen Wohlergehen oder wirkliche Not; wenn alles unter dem Joch zerdrückt wird, geht alles zugrunde; dann vernichten sie die Machthaber, wie sie wollen, *ubi solitudinem faciunt, pacem appellant.* Als die Fehden der Großen das Königreich Frankreich erschütterten und der Koadjutor von Paris mit einem Dolch in der Tasche in das Parlament ging, hinderte das das französische Volk nicht daran, glücklich und zahlreich in rechtschaffenem und freiem Wohlstand zu leben. Griechenland blühte einst unter den grausamsten Kriegen; das Blut floß in Strömen, und doch war das Land reich bevölkert. *Unsere Republik,* sagt Machiavelli, *schien mitten unter Mordtaten, Ächtungen und Bürgerkriegen immer mächtiger zu werden; die Tugend ihrer Bürger, ihre Sitten, ihre Unabhängigkeit bewirken mehr ihre Kräftigung als alle Zwistigkeiten ihre Schwächung. Eine geringe Erregung gibt den Gemütern Spannkraft, und was die menschliche Gattung in Wahrheit gedeihen läßt, ist weniger der Frieden als die Freiheit.*

Zwei Wege sind es im allgemeinen, auf denen eine Regierung degeneriert: sie schrumpft auf wenige zusammen, oder der Staat löst sich auf.

Die Regierung schrumpft, zieht sich zusammen, wenn sie von der großen zur kleinen Zahl übergeht, das heißt von der Demokratie zur Aristokratie und von der Aristokratie zum Königtum. Das ist ihre natürliche Neigung.[1] Kehrte sie von der kleinen Zahl zur großen zurück, könnte man sagen, daß sie erschlafft; aber dieser umgekehrte Übergang ist unmöglich.

Tatsächlich ändert die Regierung ihre Form nur, wenn die abgenutzte Triebfeder sie so schwächt, daß sie ihre bisherige Form nicht erhalten kann. Lockerte sie sich weiter, während sie sich ausdehnt, würde ihre Kraft auf Null sinken, und sie könnte noch weniger bestehen. Man muß also die Feder in dem Maße anziehen, wie sie nachgibt; sonst würde der Staat, den sie stützt, zusammenbrechen.

Die Auflösung des Staates kann auf zwei Arten geschehen.

Erstens, wenn der Fürst den Staat nicht mehr nach den Gesetzen verwaltet und die souveräne Macht usurpiert. Dann tritt eine auffallende Veränderung ein: Nicht die Regierung, sondern der Staat schrumpft zusammen; damit meine ich, der große Staat löst sich auf, und es bildet sich in ihm ein anderer, der nur aus den Mitgliedern der Regierung besteht. Für das Volk ist er nichts an-

[1] Das langsame Entstehen und die Entwicklung der Republik Venedig in ihren Lagunen bieten ein bemerkenswertes Beispiel für eine solche Aufeinanderfolge; und es ist erstaunlich, daß die Venezianer seit mehr als zwölfhundert Jahren noch immer auf der zweiten Stufe, die mit *Serrar di Consiglio* 1198 begann, zu stehen scheinen. Was die alten Herzöge betrifft, die man ihnen vorwirft, so ist, was auch das *squittinio della libertà veneta* sagen möge, erwiesen, daß sie nicht ihre Souveräne waren.

Man wird nicht versäumen, mir die römische Republik entgegenzuhalten, die angeblich eine völlig entgegengesetzte Entwicklung nahm, indem sie von der Monarchie zur Aristokratie und von der Aristokratie zur Demokratie überging. Ich denke hierüber anders.

Die erste Gründung des Romulus war eine gemischte Regierung, die bald in Despotismus ausartete. Aus besonderen Ursachen ging der Staat vor der Zeit zugrunde, so wie ein Kind stirbt, ehe es erwachsen ist. Die Vertreibung der Tarquinier war der eigentliche Beginn der Republik. Sie nahm jedoch nicht sofort eine feste Form an, weil man nur halbe Arbeit machte und das Patriziat nicht abschaffte. Daher blieb die Erbaristokratie, die schlechteste aller gesetzlichen Regie-

deres mehr als sein Herr und Tyrann. Sobald die Regierung die Souveränität usurpiert, ist der Gesellschaftsvertrag gebrochen; alle einfachen Bürger treten rechtmäßig in ihre natürliche Freiheit zurück und gehorchen nur noch aus Zwang, nicht aus Pflicht.

Derselbe Fall tritt ein, wenn die Regierungsmitglieder die Macht, die sie nur als Körperschaft ausüben dürfen, einzeln an sich reißen; das ist keine geringere Verletzung der Gesetze und ruft noch größere Unordnung hervor. Dann hat man sozusagen ebenso viele Fürsten wie Behörden *[magistrats]*, und der Staat, nicht weniger geteilt als die Regierung, geht unter oder ändert seine Form.

Löst der Staat sich auf, so wird der Mißbrauch der Regierung, welcher Art er auch sei, mit dem Namen *Anarchie* bezeichnet. Im Unterschied dazu degeneriert die Demokratie zur *Ochlokratie*, die Aristokratie zur *Oligarchie.* Ich könnte noch hinzufügen, das Königtum degeneriert zur *Tyrannei*, aber dieses Wort ist mehrdeutig und muß erklärt werden.

Im gewöhnlichen Sinne ist ein Tyrann ein König, der mit Gewalt und ohne Rücksicht auf Gerechtigkeit und Gesetz regiert. Im

rungsformen, im Konflikt mit der Demokratie, so daß, wie Machiavelli bewiesen hat, die immer unsichere und schwankende Regierungsform erst durch die Einsetzung der Tribunen einen festen Halt erhielt; erst dann gab es eine wirkliche Regierung und eine echte Demokratie. Jetzt war das Volk nicht nur Souverän, sondern auch Beamter *[magistrat]* und Richter; der Senat war nur eine untergeordnete Behörde, um die Regierung zu mäßigen oder zusammenzufassen, und selbst die Konsuln waren in Rom, obwohl Patrizier, höchste Beamte und im Krieg unumschränkte Feldherren, nur Vorsteher des Volkes.

Von da an folgte die Regierung sichtbar ihrem natürlichen Hang und neigte stark zur Aristokratie. Da das Patriziat wie von selbst erlosch, ruhte die Aristokratie nicht mehr in der Körperschaft der Patrizier, wie sie es in Venedig und in Genua tut, sondern in der des Senats, der aus Patriziern und Plebejern bestand, ja selbst in der der Tribunen, als diese anfingen, eine aktive Gewalt zu usurpieren; Namen tun nichts zur Sache, und wenn das Volk Führer hat, die für es regieren, handelt es sich immer um eine Aristokratie, wie diese Führer sich auch nennen mögen.

Aus dem Mißbrauch der Aristokratie entstanden die Bürgerkriege und das Triumvirat. Sulla, Julius Cäsar und Augustus wurden in der Tat wirkliche Monarchen, und schließlich löste sich der Staat unter dem Despotismus des Tiberius auf. Die römische Geschichte widerlegt also meinen Grundsatz nicht, sie bestätigt ihn.

engeren Sinne versteht man unter einem Tyrannen ein Individuum, das sich die königliche Autorität anmaßt, ohne ein Recht darauf zu haben. So faßten die Griechen das Wort Tyrann auf; sie bezeichneten mit ihm ohne Unterschied gute wie schlechte Fürsten, deren Machtausübung nicht rechtmäßig war.[1] Mithin sind *Tyrann* und *Usurpator* Wörter von völlig gleicher Bedeutung.

Um verschiedene Dinge auch verschieden zu bezeichnen, nenne ich *Tyrann* den Usurpator der königlichen Gewalt und *Despot* den Usurpator der souveränen Oberhoheit. Tyrann ist also, wer sich gegen die Gesetze aufdrängt, um mit den Gesetzen zu regieren; Despot, wer sich über die Gesetze hinwegsetzt. Folglich braucht ein Tyrann kein Despot zu sein, der Despot aber ist immer Tyrann.

XI. KAPITEL
Vom Tod des politischen Körpers

Das ist die natürliche und unvermeidliche Neigung auch der am besten verfaßten Regierungen. Wenn Sparta und Rom untergegangen sind, welcher Staat kann dann hoffen, ewig zu dauern? Wollen wir eine dauerhafte Einrichtung bilden, dürfen wir uns also nicht einbilden, ein Werk für die Ewigkeit zu schaffen. Um Erfolg zu haben, darf man weder das Unmögliche versuchen noch sich schmeicheln, einem Menschenwerk eine Beständigkeit zu geben, die menschlichen Dingen nicht zukommt.

Wie der menschliche Körper beginnt auch der politische Körper von Geburt an zu sterben und trägt die Ursachen seiner Zerstörung in sich. Der eine wie der andere kann aber eine mehr oder weniger robuste Konstitution haben, die ihn länger oder kürzer am Leben erhält. Die Konstitution des Menschen ist das

[1] *Omnes enim habentur et dicuntur Tyranni qui potestate utuntur perpetua in ea civitate, quae libertate usa est.* (Corn. Nep. in Milt., cap. VIII.) – Allerdings unterscheidet Aristoteles – *Mor: Nicom.* Buch VIII, 10. Kap. – den Tyrannen vom König, insofern ersterer zu seinem eigenen Vorteil und letzterer nur zum Wohl seiner Untertanen regiert, aber abgesehen davon, daß alle griechischen Autoren das Wort »Tyrann« in einem anderen Sinne gebraucht haben, wie es besonders aus Xenophons *Hiero* ersichtlich ist, würde aus der Unterscheidung des Aristoteles folgen, daß es seit Anfang der Welt noch keinen einzigen König gegeben hat.

Werk der Natur; die des Staates das Werk der Kunst. Es hängt nicht von den Menschen ab, ihr Leben zu verlängern, aber es hängt von ihnen ab, das Leben des Staats soweit wie möglich zu verlängern, indem sie ihm die beste Verfassung geben, die er haben kann. Auch der bestverfaßte Staat wird einmal ein Ende nehmen, aber später als ein anderer, wenn kein unvorhergesehener Zufall seinen Untergang vor der Zeit herbeiführt.

Das Prinzip des politischen Lebens liegt in der souveränen Autorität. Die Legislative ist das Herz des Staates, die Exekutive sein Gehirn, das alle Teile bewegt. Das Gehirn kann gelähmt werden und das Individuum dennoch weiterleben. Ein Mensch verfällt in Schwachsinn, aber lebt; sobald jedoch das Herz seine Tätigkeit einstellt, stirbt das Lebewesen.

Nicht durch die Gesetze besteht der Staat, sondern durch die gesetzgebende Gewalt. Das Gesetz von gestern verpflichtet nicht heute; aber vom Schweigen darüber schließt man auf stillschweigende Zustimmung; und dem Souverän wird unterstellt, daß er Gesetze immer wieder bestätigt, die er nicht aufhebt, wiewohl er das tun könnte. Alles, was er einmal als seinen Willen erklärt hat, will er immer, so lange wenigstens, bis er es widerruft.

Weshalb also achtet man alte Gesetze so sehr? Eben weil sie alt sind. Man muß annehmen, daß es nur die Vortrefflichkeit alter Willensäußerungen war, die ihnen so lange Geltung verschaffte. Hätte der Souverän sie nicht ständig als nutzbringend anerkannt, würde er sie schon tausendmal widerrufen haben. Deshalb werden die Gesetze in jedem Staat mit guter Verfassung nicht schwächer, sondern erstarken immer mehr; die Hochschätzung des Alten läßt sie täglich ehrwürdiger erscheinen. Verlieren dagegen die Gesetze mit dem Alter an Kraft, beweist das, daß es keine gesetzgebende Gewalt mehr gibt und der Staat nicht mehr lebt.

XII. KAPITEL
Wie sich die souveräne Autorität aufrechterhält

Da der Souverän keine andere Macht hat als die gesetzgebende Gewalt, handelt er nur durch Gesetze; und da die Gesetze nur authentische Akte des Gemeinwillens sind, kann der Souverän nur handeln, wenn das Volk versammelt ist. Das Volk versammelt! Welch ein Hirngespinst, wird man sagen! Heute mag es ein Hirngespinst sein, aber nicht vor zweitausend Jahren: hat sich die Natur der Menschen verändert?

In der Welt der Sitten sind die Grenzen des Möglichen weniger eng, als wir glauben: unsere Schwächen, unsere Laster und unsere Vorurteile verengen sie. Niedrige Seelen glauben nicht an große Männer; erbärmliche Sklaven lächeln spöttisch bei dem Wort Freiheit.

Erkennen wir in dem, was einst vollbracht wurde, das, was [heute] getan werden kann. Ich spreche nicht von den alten Republiken Griechenlands; aber die römische Republik war, wie mir scheint, ein großer Staat und Rom eine große Stadt. Der letzte Zensus ergab in Rom vierhunderttausend waffenfähige Bürger und die letzte Volkszählung im Reich mehr als vier Millionen Bürger, die Untertanen, Ausländer, Frauen, Kinder und Sklaven nicht mitgerechnet.

Man kann sich vorstellen, wie schwierig es war, die gewaltige Bevölkerung dieser Hauptstadt und ihrer Umgegend häufig zu versammeln! Dennoch vergingen nur wenige Wochen, wo das römische Volk nicht versammelt war, mitunter sogar mehrmals. Es übte nicht nur die Rechte des Souveräns aus, sondern zum Teil auch die der Regierung. Es behandelte bestimmte Angelegenheiten, sprach Urteil in bestimmten Fällen, und das ganze Volk war fast ebensooft als Beamter *[magistrat]* wie als Staatsbürger auf dem öffentlichen Platz.

Ginge man auf die ältesten Zeiten der Nationen zurück, so würde man finden, daß die meisten alten Regierungen, selbst monarchische wie die der Makedonier und Franken, ähnliche Ratsversammlungen abhielten. Wie dem auch sei, diese unbestreitbare Tatsache allein ist schon Antwort auf alle Schwierigkeiten: der Schluß vom Wirklichen auf das Mögliche scheint mir gut zu sein.

XIII. KAPITEL
Fortsetzung

Es genügt nicht, daß das versammelte Volk die Verfassung des Staats einmal festgeschrieben hat, indem es einen Gesetzeskorpus bestätigt; es genügt nicht, daß es eine ständige Regierung aufstellt oder ein für allemal zur Wahl der Beamten schreitet. Neben den außerordentlichen Versammlungen bei unvorhergesehenen Fällen muß es feste und regelmäßig wiederkehrende geben, die durch nichts abgeschafft oder vertagt werden dürfen, so daß das Volk am festgelegten Tag kraft Gesetz tagt, ohne daß es dazu einer anderen ausdrücklichen Aufforderung bedarf.

Außerhalb dieser durch den festgelegten Tag dem Gesetz entsprechenden Versammlungen ist jede Volksversammlung, die nicht von der dafür eingesetzten Behörde gemäß den vorgeschriebenen Formen einberufen wird, für ungesetzlich zu erklären. Was sie auch beschließt, es ist null und nichtig, weil selbst die Aufforderung, sich zu versammeln, vom Gesetz ausgehen muß.

Die mehr oder weniger häufige Wiederkehr der gesetzlich vorgesehenen Versammlungen hängt von so vielen Erwägungen ab, daß darüber keine bestimmten Regeln aufgestellt werden können. Es läßt sich nur allgemein sagen, je stärker die Regierung ist, desto häufiger muß sich der Souverän zeigen.

Für eine einzelne Stadt, wird man vielleicht einwenden, mag das ganz gut sein; was aber tun, wenn der Staat mehrere umfaßt? Soll man die souveräne Gewalt teilen oder sie in einer einzigen Stadt zusammenfassen und alle übrigen ihr unterwerfen?

Ich erwidere, man darf weder das eine noch das andere tun. Erstens ist die souveräne Gewalt eine Einheit, die man nicht teilen kann, ohne sie zu zerstören. Zweitens kann eine Stadt ebensowenig wie eine Nation von Gesetz wegen einer anderen untertänig sein, weil das Wesen des politischen Körpers in der Übereinstimmung von Gehorsam und Freiheit beruht und die Wörter *Untertan* und *Souverän* korrelative identische Begriffe sind, deren Idee im Wort Bürger *[citoyen]* zusammengefaßt ist.

Ferner antworte ich, daß es immer ein Übel ist, mehrere Städte zu einem einzigen Gemeinwesen *[cité]* zu vereinigen, und man sollte, wenn man eine derartige Vereinigung plant, nicht glauben, deren natürliche Nachteile vermeiden zu können. Man darf nicht die Mißstände der großen Staaten dem entgegenhalten, der nur kleine will: Wie macht man aber die kleinen Staaten so stark, daß sie den großen widerstehen können? So wie einst die griechischen Städte dem Perserkönig und in letzter Zeit Holland und die Schweiz dem Hause Österreich widerstanden haben.

Kann man den Staat aber nicht auf angemessene Grenzen beschränken, bleibt noch ein Ausweg: keine Hauptstadt zu dulden und jede Stadt reihum zum Sitz der Regierung zu machen und dort auch abwechselnd die Volksversammlungen für das ganze Land einzuberufen.

Bevölkert gleichmäßig alle Landesteile, führt überall die gleichen Rechte ein, verbreitet überall Wohlstand und Leben, und der Staat wird sowohl der stärkste wie der bestregierte sein, der irgend möglich ist. Vergeßt nicht, daß die Mauern der Städte nur aus den Trümmern der Bauernhäuser errichtet werden. Bei jedem Palast, der in der Hauptstadt vor meinen Augen emporwächst, glaube ich ein ganzes Land in Elendshütten versinken zu sehen.

XIV. KAPITEL
Fortsetzung

Sobald das Volk als souveräner Körper entsprechend dem Gesetz versammelt ist, hört jeder Eingriff der Regierung auf, die Exekutive ist außer Kraft gesetzt, und die Person des letzten Bürgers ist heilig und unantastbar wie die des ersten Staatsbeamten, denn wo sich der Vertretene selbst befindet, gibt es keine Vertreter. Die meisten Unruhen in den Komitien in Rom entstanden, weil man diese Regel nicht oder zuwenig beachtete. Die Konsuln waren dann nur noch Vorsitzende des Volkes, die Tribunen einfache Redner[1], und der Senat war gar nichts.

Diese zeitweiligen Amtsenthebungen, in denen der Fürst einen faktisch Höheren anerkennt oder anerkennen muß, hat er immer

[1] Ungefähr in dem Sinn, den man im englischen Parlament mit diesem Wort verbindet. Die Ähnlichkeit dieser Ämter hätte Zwistigkeiten zwischen den Konsuln und den Tribunen hervorgerufen, selbst wenn jede richterliche Gewalt geruht hätte.

gefürchtet; und diese Volksversammlungen, die der Schutz des politischen Körpers und der Regierung ein Zügel sind, waren zu allen Zeiten den Oberhäuptern ein Greuel: daher sparten sie niemals mit Bemühungen und Einwänden, mit Schwierigkeiten und Versprechungen, um die Bürger von ihnen abzuhalten. Sind diese geizig, feige, verzagt, lieben sie die Ruhe mehr als die Freiheit, dann halten sie den zunehmenden Druck der Regierung nicht lange aus. Durch deren ständig wachsenden Widerstand erlischt schließlich die souveräne Autorität, und die meisten Gemeinwesen *[cités]* verfallen und gehen vor der Zeit zugrunde.

Aber zwischen die souveräne Autorität und die Willkürregierung tritt manchmal eine Zwischenmacht, von der nun zu sprechen ist.

XV. KAPITEL
Von den Abgeordneten oder Vertretern

Sobald der öffentliche Dienst aufhört, die wichtigste Angelegenheit der Bürger zu sein, und sie lieber mit ihrer Geldbörse als mit ihrer Person dienen, ist der Staat seinem Ruin bereits nahe. Heißt es in die Schlacht ziehen? Sie bezahlen Soldaten und bleiben zu Hause. Muß man an Ratssitzungen teilnehmen? Sie ernennen Abgeordnete und bleiben zu Hause. Durch ihre Faulheit und ihr Geld haben sie am Ende Soldaten, die das Vaterland unterjochen, und Vertreter, die es verkaufen.

Die Plackerei mit Handel und Gewerbe, die unstillbare Gewinnsucht, die Schlaffheit und Bequemlichkeit lassen das Geld an die Stelle persönlicher Dienste treten. Man gibt einen Teil seines Gewinns ab, um ihn bequemer zu vermehren. Gebt nur Geld, und ihr werdet bald Ketten dafür haben. Das Wort *Finanzen* ist ein Sklavenwort; in einem Gemeinwesen *[cité]* ist es unbekannt. In einem wirklich freien Staat machen die Bürger alles mit ihren Händen und nichts mit Geld: statt sich von ihren Pflichten freizukaufen, würden sie bezahlen, um sie selbst zu erfüllen. Ich bin von den üblichen Ansichten weit entfernt: ich meine, Frondienste widersprechen der Freiheit weniger als Steuern.

Je besser die Verfassung des Staates, desto wichtiger sind den Bürgern die öffentlichen Angelegenheiten, verglichen mit den privaten. Es gibt dann sogar weit weniger Privatangelegenheiten, weil die Summe des gemeinsamen Glücks dem individuellen Glück einen beträchtlichen Teil beisteuert und der einzelne es daher weniger durch besondere Anstrengungen zu suchen braucht. In einem gutgeführten Gemeinwesen eilt jeder zu den Versammlungen; unter einer schlechten Regierung möchte niemand auch nur einen Schritt dahin tun, weil sich niemand dafür interessiert, was dort geschieht, weil man voraussehen kann, daß der Gemeinwille dort nicht herrscht, und weil schließlich die häuslichen Sorgen alles andere verschlingen. Gute Gesetze bringen bessere hervor, schlechte noch schlechtere. Sobald jemand von den Staatsangelegenheiten sagt: *Was geht das mich an?*, muß man damit rechnen, daß der Staat verloren ist.

Das Abkühlen der Vaterlandsliebe, die Regsamkeit des Privatinteresses, die Maßlosigkeit der Staaten, Eroberungen und Mißbrauch der Regierung brachten den Gedanken hervor, Abgeordnete oder Vertreter des Volkes in die Versammlungen der Nation zu entsenden. In manchen Ländern wagt man das den dritten Stand zu nennen. So wird das Sonderinteresse zweier Stände auf den ersten und zweiten Rang gehoben, das öffentliche Interesse findet sich auf dem dritten wieder.

Die Souveränität kann nicht vertreten werden, und zwar aus demselben Grund, aus dem sie nicht veräußert werden kann. Sie besteht wesentlich aus dem Gemeinwillen, und der Wille läßt sich nicht vertreten: er ist er selbst oder er ist ein anderer; ein Mittelding gibt es nicht. Abgeordnete des Volkes sind und können nicht seine Vertreter sein, sie sind nur seine Beauftragten, sie können nichts endgültig beschließen. Jedes Gesetz, das das Volk nicht selbst bestätigt hat, ist null und nichtig; es ist kein Gesetz. Das englische Volk meint frei zu sein; es täuscht sich sehr: nur während der Wahlen der Parlamentsmitglieder ist es frei; sobald sie gewählt sind, ist es Sklave, ist es nichts. Der Gebrauch, den es in den kurzen Augenblicken seiner Freiheit von ihr macht, verdient wahrlich, daß es sie wieder verliert.

Die Idee der Repräsentanten ist modern: sie stammt von der Feudalherrschaft, jener ungerechten und absurden Regierungsform, in der die menschliche Gattung erniedrigt und der Name des Menschen geschändet wird. In den alten Republiken und selbst in den Monarchien hatte das Volk nie Vertreter; man kannte dieses Wort nicht. Es ist auffallend, daß in Rom, wo die Tribunen so heilig waren, niemand sich auch nur vorgestellt hätte, sie könnten die Funktionen des Volkes usurpieren, und daß sie, inmitten einer so großen Menschenmenge, niemals von sich aus versucht haben, auch nur eine einzige Volksabstimmung zu umgehen. Von der Verwirrung, die die große Menge bisweilen verursachte, kann man sich eine Vorstellung aus der Zeit der Gracchen machen, wo ein Teil der Bürger von den Dächern herab seine Stimme abgab.

Wo Recht und Freiheit alles sind, bedeuten Unannehmlichkeiten nichts. Bei diesem weisen Volk hatte alles das rechte Maß: es ließ seine Liktoren tun, was seine Tribunen nie gewagt hätten; es brauchte nicht zu befürchten, daß die Liktoren es vertreten wollten.

Um zu erklären, wie die Tribunen manchmal das Volk vertraten, braucht man nur zu wissen, wie die Regierung den Souverän vertritt. Da das Gesetz nur die Deklaration des Gemeinwillens ist, ist klar, daß das Volk in der Legislative nicht vertreten werden kann; aber es kann und muß es in der Exekutive werden, die nur die auf das Gesetz angewandte Macht ist. Das zeigt, daß man bei näherem Hinsehen nur sehr wenige Nationen findet, die Gesetze haben. Wie dem auch sei, sicher ist, daß die Tribunen keinen Anteil an der Vollzugsgewalt hatten und daher das römische Volk von Amts wegen niemals vertreten konnten, ohne die Rechte des Senats zu usurpieren.

Bei den Griechen tat das Volk alles, was es zu tun hatte, selber: es war ständig auf den öffentlichen Plätzen versammelt. Es bewohnte ein mildes Klima, Habgier war ihm fremd, Sklaven verrichteten die Arbeiten, seine große Sache war die Freiheit. Wie kann man ohne die gleichen Vorteile dieselben Rechte bewahren? Euer rauhes Klima ruft größere Bedürfnisse hervor,[1] sechs Monate im Jahr kann man es auf den öffentlichen Plätzen nicht aushalten; eure klanglosen Sprachen tragen nicht im Freien, ihr

[1] In kalten Ländern sich dem Luxus und der Verweichlichung der Orientalen hingeben hieße sich ihre Ketten anlegen, hieße sich ihnen noch zwangsläufiger unterwerfen, als sie selbst es tun.

seht mehr auf Gewinn als auf Freiheit und fürchtet weit weniger die Sklaverei als die Armut.

Die Freiheit lasse sich nur mit Hilfe der Knechtschaft behaupten? Vielleicht. Die Extreme berühren sich. Was nicht in der Natur liegt, hat seine Nachteile, und die Gesellschaft *[société civile]* mehr als alles andere. Es gibt unglückliche Situationen, wo man seine Freiheit nur auf Kosten der anderer bewahren kann und der Bürger nur völlig frei sein kann, indem der Sklave völlig Sklave ist. Das war die Lage in Sparta. Ihr modernen Völker habt keine Sklaven, dafür seid ihr es selbst; ihr bezahlt ihre Freiheit mit eurer. Mögt ihr euch dieses Vorzuges rühmen, ich finde darin mehr Feigheit als Menschlichkeit.

Damit will ich nicht behaupten, man müsse Sklaven haben oder das Recht der Sklaverei sei legitim, wo ich doch das Gegenteil bewiesen habe. Ich nenne nur die Gründe, warum die modernen Völker, die sich frei glauben, Vertreter haben und warum die alten Völker keine hatten. Wie dem auch sei, sobald ein Volk sich Vertreter gibt, ist es nicht mehr frei, ja es existiert nicht mehr.

Nach genauer Prüfung sehe ich nicht, wie der Souverän seine Rechte wird ausüben können, wenn das Gemeinwesen *[la cité]* nicht sehr klein ist. Aber ist es sehr klein, wird es dann nicht unterjocht werden? Nein. Ich werde später zeigen[1], wie man die äußere Macht eines großen Volkes mit der einfachen Verwaltung und der guten Ordnung eines kleinen Staates vereinen kann.

XVI. KAPITEL
Dass die Einsetzung der Regierung kein Vertrag ist

Ist die Legislative fest begründet, geht es darum, die Exekutive zu errichten; denn sie arbeitet nur durch Einzelakte und ist von der Legislative naturgemäß getrennt, da sie ihrem Wesen nach von ihr verschieden ist. Könnte der Souverän als solcher zugleich die exekutive Gewalt ausüben, fielen Recht und Vollzug derart

[1] Das hatte ich mir für die Fortsetzung dieses Werkes vorgenommen, wenn ich bei der Behandlung der auswärtigen Beziehungen zu den Konföderationen gekommen wäre. Ein ganz neuer Stoff, dessen Prinzipien noch aufzustellen sind.

zusammen, daß man nicht mehr wüßte, was Gesetz ist und was nicht. Ein in seiner Natur so entstellter politischer Körper wäre bald eine Beute der Gewalt, gegen die er errichtet wurde.

Da die Bürger durch den Gesellschaftsvertrag alle gleich sind, können alle vorschreiben, was alle tun sollen, während keiner von einem anderen etwas verlangen darf, was er nicht selbst tut. Aber ebendieses Recht, das zur Belebung und Bewegung des politischen Körpers unentbehrlich ist, überträgt der Souverän dem Fürsten durch Einsetzung der Regierung.

Mehrere Autoren behaupten, der Akt dieser Einsetzung sei ein Vertrag zwischen dem Volk und den Oberhäuptern, die es sich gibt; ein Vertrag, durch den beide Parteien die Bedingungen festlegten, nach denen sich die eine zum Befehlen und die andere zum Gehorchen verpflichten. Man wird mir sicherlich zustimmen, daß das eine gar sonderbare Art ist, einen Vertrag zu schließen! Wir wollen jedoch untersuchen, ob diese Ansicht haltbar ist.

Erstens kann die höchste Autorität sich ebensowenig verändern wie veräußern. Sie beschränken hieße sie vernichten. Es ist absurd und widersprüchlich, daß der Souverän sich eine höhere Instanz gibt; sich verpflichten, einem Herrn zu gehorchen, heißt zur vollen Freiheit zurückkehren.

Ferner leuchtet von selbst ein, daß dieser Vertrag des Volkes mit dieser oder jener Person ein Einzelakt wäre. Daraus folgt, daß dieser Vertrag weder ein Gesetz noch ein souveräner Akt sein kann und folglich ungesetzlich wäre.

Außerdem stünden die vertragschließenden Parteien nur unter dem Naturgesetz und hätten keinen Garanten für ihre gegenseitigen Verpflichtungen, was in jeder Hinsicht dem gesellschaftlichen Zustand widerspricht: Da der, der die Macht in Händen hat, auch allein über deren Ausübung entscheidet, könnte man es ebensogut einen Vertrag nennen, wenn ein Mann einem anderen sagt: Ich gebe dir mein ganzes Vermögen unter der Bedingung, daß du mir davon wiedergibst, was dir beliebt.

Es kann nur einen Vertrag im Staat geben, den der Assoziation; der aber schließt jeden anderen aus. Kein öffentlicher Vertrag ist vorstellbar, der nicht den ersten verletzen würde.

XVII. KAPITEL
Von der Einsetzung der Regierung

Wie ist der Akt zu verstehen, durch den die Regierung eingesetzt wird? Zuerst möchte ich bemerken, daß dieser Akt zusammengesetzt ist und aus zwei anderen besteht, und zwar aus der Verabschiedung und der Durchführung des Gesetzes.

Durch die erste beschließt der Souverän, daß ein Regierungskörper in dieser oder jener Form eingesetzt wird. Dieser Akt ist selbstverständlich ein Gesetz.

Durch den zweiten Akt ernennt das Volk die Oberhäupter, die die eingesetzte Regierung bilden werden. Da diese Ernennung ein Einzelakt ist, ist sie kein zweites Gesetz, sondern nur eine Folge des ersten und eine Funktion der Regierung.

Die Schwierigkeit besteht darin, zu verstehen, wie es einen Regierungsakt geben kann, ehe die Regierung existiert, und wie das Volk, das nur Souverän oder Untertan ist, unter gewissen Umständen Fürst oder Behörde *[Prince ou Magistrat]* werden kann.

Hier offenbart sich wieder eine jener erstaunlichen Eigenschaften des politischen Körpers, die ihn befähigt, scheinbar sich widersprechende Schritte in Übereinstimmung zu bringen. Diese Eigenschaft zeigt sich in einer plötzlichen Verwandlung der Souveränität in Demokratie, so daß ohne wahrnehmbare Veränderung und nur durch eine neue Beziehung aller zu allen die zu Beamten *[Magistrats]* gewordenen Bürger von allgemeinen zu besonderen Akten und vom Gesetz zur Vollstreckung übergehen.

Dieser Wandel der Beziehungen ist keine Spitzfindigkeit, die in der Praxis ohne Beispiel wäre: täglich kommt er im englischen Parlament vor, wo sich in gewissen Fällen das Unterhaus in einen einzigen großen Ausschuß verwandelt, um die Staatsangelegenheiten gründlicher zu beraten, und aus dem souveränen Hof, der es eben noch war, zum einfachen Ausschuß wird. So erstattet es sich selbst als Unterhaus darüber Bericht, was es als großer Ausschuß beschlossen hat, und berät unter dem einen Titel das von neuem, was es unter einem anderen bereits beschlossen hat.

Der Vorzug einer demokratischen Regierung besteht also darin, de facto durch einen einfachen Akt des Gemeinwillens eingesetzt werden zu können. Danach bleibt diese provisorische Regierung im Amt, wenn das die angenommene Form ist, oder sie setzt im Namen des Souveräns die gesetzlich vorgeschriebene Regierung ein, und alles entspricht so den Regeln. Es ist unmöglich, die Regierung auf eine andere, dem Gesetz entsprechende Weise einzusetzen, ohne auf die oben aufgestellten Prinzipien zu verzichten.

XVIII. KAPITEL
Mittel, Usurpationen der Regierung vorzubeugen

Aus diesen Erläuterungen geht hervor, in Übereinstimmung mit dem XVI. Kapitel, daß der Akt, durch den die Regierung eingesetzt wird, kein Vertrag, sondern ein Gesetz ist; daß die Träger der exekutiven Gewalt nicht die Herren, sondern die Diener *[officiers]* des Volkes sind; daß es sie, wann immer es will, ein- und absetzen kann; daß keine Rede davon ist, daß sie einen Vertrag abschließen, sondern zu gehorchen haben; daß sie nur ihre Bürgerpflicht erfüllen, wenn sie die Funktionen übernehmen, die ihnen der Staat auferlegt, ohne irgendein Recht zu haben, über die Bedingungen zu streiten.

Wenn das Volk eine erbliche Regierung einsetzt – als monarchische in einer Familie oder als aristokratische in einer Klasse von Bürgern –, übernimmt es damit keine Verpflichtung. Es gibt der Verwaltung eine provisorische Form, die es nach seinem Gutdünken durch eine andere ersetzen kann.

Es ist richtig, daß derartige Veränderungen immer gefährlich sind und man an die eingesetzte Regierung erst dann rühren sollte, wenn sie mit dem Gemeinwohl unvereinbar wird. Diese Vorsicht ist jedoch nur eine politische Maxime und keine Rechtsvorschrift, ebensowenig wie der Staat verpflichtet ist, die zivile Autorität seinen Oberhäuptern zu überlassen und die militärische seinen Generälen.

Richtig ist auch, daß man in einem solchen Fall nicht sorgsam genug alle erforderlichen Formalitäten beachten kann, um zwischen einem ordentlichen, gesetzlichen Akt und einem aufwieglerischen Tumult, zwischen dem Willen eines ganzen Volkes und dem Gelärm einer Partei zu unterscheiden. Vor allem in einem solchen verabscheuungswürdigen Fall darf man nur so weit nachgeben, wie es die strengste Auslegung des Rechts zuläßt. Aus diesem Zwang zieht der Fürst einen großen Vorteil, um seine Macht auch gegen den Willen des Volkes zu behaupten, ohne daß man sagen kann, er habe sie usurpiert: Da er nur von seinen Rechten Gebrauch zu machen scheint, kann er sie leicht ausdehnen und unter dem Vorwand, die öffentliche Ruhe zu sichern, die Versammlungen verhindern, die der Wiederherstellung der Ordnung dienen sollen. So nutzt er ein Schweigen, das zu brechen er verhindert, oder Überschreitungen, die er selbst begehen läßt, um die Stimme derer, die aus Furcht schweigen, als Zustimmung für sich zu beanspruchen und die zu strafen, die zu sprechen wagen. So versuchten die Decemvirn, die zunächst nur für ein Jahr gewählt und dann für ein weiteres Jahr bestätigt worden waren, ihre Macht zu verewigen, indem sie die Komitien hinderten, sich zu versammeln. Durch dieses einfache Mittel usurpieren alle Regierungen der Welt, nachdem sie die Macht erlangt haben, früher oder später die souveräne Autorität.

Die von mir oben erwähnten regelmäßig wiederkehrenden Versammlungen sind geeignet, diesem Unglück vorzubeugen oder es hinauszuschieben, besonders wenn sie keiner formellen Einberufung bedürfen: dann kann sie der Fürst nicht verhindern, ohne sich offen als Gesetzesbrecher und Staatsfeind zu bekennen.

Diese Versammlungen, die nur die Aufrechterhaltung des Gesellschaftsvertrages zum Ziel haben, müssen immer durch zwei Anträge eröffnet werden, die man niemals streichen darf und über die getrennt abgestimmt werden muß:

Erstens: *Ist der Souverän damit einverstanden, die gegenwärtige Regierungsform beizubehalten?*

Zweitens: *Ist das Volk damit einverstanden, die Verwaltung denen weiter zu überlassen, die mit ihr gegenwärtig betraut sind?*

Ich setze hier voraus, was ich bereits bewiesen zu haben glaube: Es gibt im Staat kein Grundgesetz, das nicht widerrufen werden könnte, nicht einmal der Gesellschaftsvertrag. Denn wenn sich alle Staatsbürger versammeln sollten, um diesen Vertrag im Einvernehmen aufzuheben, dann gibt es keinen Zweifel, daß er völlig gemäß dem Gesetz aufgehoben ist. Grotius meint sogar, jeder könne auf den Staat, dessen Mitglied er ist, verzichten und seine persönliche Freiheit wie seinen Besitz zurücknehmen, wenn er das Land verläßt.[1] Da wäre es absurd, wenn alle versammelten Bürger nicht tun dürften, wozu jeder einzelne von ihnen berechtigt ist.

[1] Selbstverständlich nur, wenn man es nicht verläßt, um sich seiner Pflicht zu entziehen und sich in dem Augenblick vom Dienst am Vaterland zu befreien, da es uns braucht. Dann wäre die Flucht verbrecherisch und strafbar; es wäre kein Weggang, sondern Fahnenflucht.

VIERTES BUCH

I. KAPITEL

Dass der Gemeinwille unzerstörbar ist

Solange sich mehrere versammelte Menschen als einen einzigen Körper betrachten, haben sie nur einen einzigen Willen, der sich auf die gemeinsame Erhaltung und das allgemeine Wohl richtet. Dann sind alle Triebfedern des Staates kraftvoll und einfach, seine Grundsätze klar und deutlich; er hat keine verwickelten, einander widersprechenden Interessen, das Gemeinwohl tritt überall deutlich hervor und bedarf nur des gesunden Verstandes, um wahrgenommen zu werden. Frieden, Einigkeit und Gleichheit sind Feinde politischer Spitzfindigkeiten. Aufrechte und einfache Menschen sind wegen ihrer Einfachheit schwer zu betrügen, Täuschungen und raffinierte Vorwände beeindrucken sie nicht; sie sind nicht einmal fein genug, sich etwas vormachen zu lassen. Sieht man, wie bei dem glücklichsten Volk auf Erden Bauern die Staatsangelegenheiten unter einer Eiche klären und sich dabei stets weise verhalten, muß man dann nicht die Spitzfindigkeiten der anderen Nationen verachten, die sich mit so viel Kunst und Geheimniskrämerei berühmt und unglücklich machen?

Ein derart regierter Staat braucht nur wenige Gesetze, und wenn neue nötig werden, wird diese Notwendigkeit allgemein anerkannt. Wer sie als erster vorschlägt, spricht nur aus, was schon alle gefühlt haben, und es braucht weder Intrigen noch Redegewandtheit, um zum Gesetz zu erheben, wozu schon jeder entschlossen ist, sobald er weiß, daß ihm die anderen folgen werden.

Die Besserwisser werden dadurch getäuscht, daß sie nur Staaten sehen, die vom Ursprung an schlecht verfaßt waren, darum gilt ihnen die Erhaltung einer derartigen Ordnung als unmöglich. Sie lachen bei der Vorstellung, welche Dummheiten ein gewandter Schurke, ein einschmeichelnder Schwätzer dem Volk von Paris oder London weismachen könnte. Sie wissen nicht, daß Cromwell von den Bernern ins »Schallenhaus« und der Herzog von Beaufort von den Genfern in die »Disziplin« gesperrt worden wären.

Wenn aber das gesellschaftliche Band allmählich erschlafft und der Staat schwächer wird; wenn sich die Interessen der einzelnen bemerkbar machen und kleine Gesellschaften auf die große einwirken, dann wandelt sich das gemeinsame Interesse und findet Gegner; es herrscht keine Einstimmigkeit mehr, und der Gemeinwille ist nicht mehr der Wille aller; Widersprüche und Auseinandersetzungen werden laut, und die beste Ansicht wird nicht ohne Streit angenommen.

Wenn schließlich der fast ruinierte Staat nur noch in einer trügerischen und leeren Form besteht, das gesellschaftliche Band in allen Herzen zerrissen ist und schnöder Eigennutz sich schamlos mit dem heiligen Namen des öffentlichen Wohls schmückt, dann verstummt der Gemeinwille; und von verborgenen Beweggründen geleitet, äußert sich niemand mehr als Bürger, als hätte der Staat niemals existiert. Unter dem Namen von Gesetzen treten widerrechtliche Verordnungen in Kraft, die nur das Privatinteresse zum Ziel haben.

Folgt daraus, daß der Gemeinwille vernichtet oder verfälscht ist? Nein, er besteht nach wie vor, unveränderlich und rein; aber er ist anderen Willen unterworfen, die stärker sind. Jeder sieht, daß er sein Interesse nicht völlig vom allgemeinen Interesse trennen kann, dennoch scheint sein Anteil am öffentlichen Elend ihm nichtig, verglichen mit dem persönlichen Vorteil, den er sich zu verschaffen gedenkt. Von diesem privaten Vorteil abgesehen, will er im eigenen Interesse durchaus das allgemeine Wohl, so eifrig wie irgendein anderer. Selbst wenn er seine Stimme für Geld verkauft, löscht er den Gemeinwillen in sich nicht aus, er umgeht ihn nur. Der Fehler, den er begeht, besteht darin, die Frage zu verändern und auf etwas anderes zu antworten, als er gefragt wurde. Statt mit seiner Stimme zu erklären: *Es ist für den Staat vorteilhaft*, sagt er: *Es ist für diesen Mann oder für jene Partei vorteilhaft, daß dieser oder jener Antrag durchgeht.* Daher verlangt das Gesetz der öffentlichen Ordnung in den Versammlungen nicht so sehr, den Gemeinwillen aufrechtzuerhalten, als vielmehr, ihn stets zu befragen und stets antworten zu lassen.

Ich könnte hier noch viele Betrachtungen über das einfache Recht anstellen, bei jedem Souveränitätsakt abzustimmen; ein Recht, das den Bürgern niemals entzogen werden darf; sowie über das Recht, seine Meinung zu sagen, Vorschläge zu machen, zu bestreiten oder zu diskutieren, ein Recht, das die Regierung stets nur ihren Mitgliedern vorbehalten möchte. Aber dieser wichtige Gegenstand würde eine gesonderte Abhandlung erfordern, und ich kann in dieser nicht alles sagen.

II. KAPITEL
Vom Stimmrecht

Aus dem vorhergehenden Kapitel ist zu ersehen, daß die Art, wie die öffentlichen Angelegenheiten geregelt werden, einen sicheren Hinweis auf den jeweiligen Zustand der Sitten und die Gesundheit des politischen Körpers geben kann. Je größer die Übereinstimmung in den Versammlungen ist, das heißt, je mehr sich die Ansichten der Einstimmigkeit nähern, um so beherrschender ist der Gemeinwille. Lange Debatten dagegen, Uneinigkeit und Tumult weisen auf das Wachsen der Partikularinteressen und den Niedergang des Staates hin.

Dies tritt weniger deutlich hervor, wenn die Verfassung zwei oder mehrere Stände anerkennt, wie in Rom die Patrizier und Plebejer. Ihre Streitigkeiten störten oft die Komitien, selbst in den schönsten Zeiten der Republik. Allein diese Ausnahme ist mehr Schein als wirklich; denn infolge der dem politischen Körper innewohnenden Unvollkommenheit hat man dann sozusagen zwei Staaten in einem; was für beide zusammen nicht gilt, gilt für jeden einzelnen getrennt. Und in der Tat gingen selbst in den stürmischsten Zeiten die Volksentscheidungen, wenn sich der Senat nicht einmischte, stets ruhig und mit großer Stimmenmehrheit durch: da die Staatsbürger nur ein Interesse hatten, hatte das Volk nur einen Willen.

Die Einstimmigkeit tritt am anderen Ende des Kreislaufs wieder auf: wenn die Bürger in die Knechtschaft gefallen sind und weder Freiheit noch Willen mehr haben. Dann verwandeln Furcht und Schmeichelei die Stimmen in Beifallsbekundungen; man berät nicht mehr, man verehrt oder verflucht. Auf so schändliche Weise stimmte der Senat unter den Kaisern ab. Manchmal geschah das unter lächerlichen Vorsichtsmaßnahmen: Tacitus beobachtete, wie unter Otho die Senatoren Vitellius mit Verwünschungen überhäuften und gleichzeitig einen fürchterlichen Lärm machten, damit er, sollte der Zufall ihm die Macht geben, nicht wissen könne, was jeder von ihnen gesagt hatte.

Aus diesen verschiedenen Betrachtungen ergeben sich die Grundsätze, nach denen man die Stimmen zählen und die Meinungen vergleichen soll, je nachdem, ob der Gemeinwille mehr oder weniger leicht zu erkennen und der Staat mehr oder weniger im Niedergang begriffen ist.

Nur ein Gesetz verlangt seiner Natur nach einstimmige Annahme. Das ist der Gesellschaftsvertrag: denn die Assoziation der Bürger ist die freiwilligste Handlung der Welt; da jeder Mensch frei geboren und sein eigener Herr ist, kann ihn niemand, unter welchem Vorwand auch immer, ohne seine Einwilligung unterwerfen. Entscheiden, daß der Sohn eines Sklaven als Sklave geboren werde, heißt entscheiden, daß er nicht als Mensch geboren wird.

Wenn also bei Abschluß des Gesellschaftsvertrages sich Gegner wider ihn finden, macht ihre Ablehnung den Vertrag nicht ungültig, sondern verhindert nur, daß sie von ihm eingeschlossen werden; sie sind Fremde zwischen den Bürgern. Ist der Staat aber gegründet, gilt das Verbleiben in ihm als Einwilligung; sein Territorium bewohnen heißt sich der Souveränität unterwerfen.[1]

Mit Ausnahme dieses Urvertrages ist die Stimmenmehrheit für alle anderen immer bindend, das folgert aus dem Vertrag selbst. Aber man wird fragen: Wie kann ein Mensch frei und dennoch gezwungen sein, sich anderem als seinem eigenen Willen zu fügen? Wie können Opponenten frei und zugleich Gesetzen unterworfen sein, denen sie nicht zugestimmt haben?

[1] Das unterstellt natürlich einen freien Staat; ansonsten können Familie, Besitz, fehlendes Asyl, Not und Gewalt einen Einwohner gegen seinen Willen im Land zurückhalten, und in diesem Falle setzt sein Aufenthalt nicht mehr seine Zustimmung zum Vertrag oder zur Vertragsverletzung voraus.

Ich antworte darauf, die Frage ist falsch gestellt. Der Bürger stimmt allen Gesetzen zu, selbst denen, die gegen seinen Willen erlassen wurden, ja selbst denen, die ihn strafen, wenn er eines von ihnen zu übertreten wagt. Der beständige Wille aller Mitglieder des Staates ist der Gemeinwille; durch ihn sind sie erst Bürger und frei.[1] Wird ein Gesetz in der Volksversammlung vorgeschlagen, dann werden die Bürger strenggenommen nicht gefragt, ob sie den Vorschlag annehmen oder verwerfen, sondern ob er dem Gemeinwillen, also ihrem Willen, entspricht oder nicht. Jeder äußert mit seiner Stimme seine Meinung darüber, und in der Stimmenzahl zeigt sich der Gemeinwille. Werde ich überstimmt, beweist das nur, daß ich mich geirrt habe und daß der Gemeinwille nicht war, was ich für ihn hielt. Hätte meine besondere Meinung sich durchgesetzt, hätte ich etwas anderes getan, als ich gewollt hatte; gerade dann wäre ich nicht frei gewesen.

Das setzt allerdings voraus, daß alle Kennzeichen des Gemeinwillens in der Stimmenmehrheit enthalten sind; sind sie es nicht mehr, dann gibt es auch keine Freiheit mehr, welche Partei man auch ergreift.

Als ich weiter oben zeigte, wie man in öffentlichen Beratungen den Willen einzelner an die Stelle des Gemeinwillens setzen kann, habe ich auch hinreichend angemessene Mittel genannt, wie man diesem Mißbrauch vorbeugen kann; ich werde später darauf zurückkommen. Ich habe auch die Prinzipien erwähnt, wie das Verhältnis der zu dieser Willenserklärung abgegebenen Stimmen ermittelt werden kann. Die Differenz einer einzigen Stimme vernichtet die Gleichheit, ein einziger Opponent zerstört die Einstimmigkeit. Aber zwischen Einstimmigkeit und Stimmengleichheit gibt es mehrere ungleiche Mehrheitsverhältnisse. Je nach Lage und Bedürfnissen des politischen Körpers kann man für jedes dieser Verhältnisse eine entsprechende Zahl festlegen.

Zwei allgemeine Grundsätze können diese Verhältnisse regeln. Der erste lautet: Je bedeutsamer und schwerwiegender die Bera-

[1] In Genua liest man über den Gefängnistüren und auf den Ketten der Galeerensträflinge das Wort *Libertas*. Diese Anwendung des Wahlspruchs ist schön und richtig. In der Tat hindern nur die Übeltäter aller Stände den Bürger daran, frei zu sein. In einem Land, wo all diese Leute auf den Galeeren wären, würde man die vollkommenste Freiheit genießen.

tungen sind, um so mehr muß sich die vorherrschende Meinung der Einstimmigkeit nähern. Der zweite: Je rascher die Angelegenheit erledigt werden muß, um so kleiner muß die erforderliche Differenz der Stimmenzahl sein. Bei sofort zu treffenden Entscheidungen muß die Mehrheit einer einzigen Stimme genügen. Der erste Grundsatz scheint für Gesetze, der zweite mehr für laufende Angelegenheiten geeignet zu sein. Wie dem auch sei, aus ihrer verschiedenen Verknüpfung ergeben sich die besten Verhältnisse zur Festlegung einer Stimmenmehrheit für Entscheidungen.

III. KAPITEL
Von den Wahlen

Die Wahlen des Fürsten und der Beamten, die, wie bereits gesagt, komplexe Akte sind, sind auf zwei Wegen möglich, durch Wahl oder durch das Los. Beide wurden in verschiedenen Republiken angewendet, und noch heute gibt es ein sehr kompliziertes Mischverfahren bei der Wahl des Dogen von Venedig.

Die Wahl durch das Los, sagt Montesquieu, *entspricht der Natur der Demokratie.* Einverstanden, aber weshalb? *Das Los*, fährt er fort, *ist eine Art zu wählen, die niemanden verletzt; es läßt jedem Bürger eine berechtigte Hoffnung, seinem Vaterland zu dienen.* Das sind aber keine Gründe.

Berücksichtigt man, daß die Wahl der Oberhäupter Sache der Regierung und nicht des Souveräns ist, dann erkennt man, warum das Los eher der Natur der Demokratie entspricht, wo die Verwaltung um so besser ist, je weniger die Vorgänge vervielfältigt werden.

In jeder wahren Demokratie ist ein Amt *[magistrature]* kein Vorteil, sondern eine drückende Last, die man gerechterweise nicht dem einen mehr als dem anderen auferlegen darf. Nur das Gesetz kann sie dem auferlegen, auf den das Los fällt. Denn dann sind die Bedingungen für alle gleich, die Wahl hängt von keinem menschlichen Willen ab, und es gibt somit keine Ausnahme, die die Allgemeingültigkeit des Gesetzes einschränken kann.

In der Aristokratie wählt der Fürst den Fürsten, die Regierung erhält sich durch sich selbst, hier sind Wahlen angebracht.

Das Beispiel der Wahl des Dogen von Venedig bestätigt diesen Unterschied, statt ihn zu widerlegen: diese Mischform ist für eine Mischregierung geeignet. Denn es ist ein Irrtum, die Regierung von Venedig für eine echte Aristokratie zu halten. Wenn das Volk dort keinen Anteil an der Regierung hat, so ist dafür der Adel selbst das Volk. Viele arme Barnaboten haben niemals ein Amt erhalten, von ihrem Adel haben sie nichts als den leeren Titel »Exzellenz« und das Recht, am Großen Rat teilzunehmen. Da dieser Große Rat ebenso zahlreich ist wie unser Allgemeiner Rat in Genf, haben seine erlauchten Mitglieder nicht mehr Privilegien als unsere einfachen Bürger. Läßt man die gewaltigen Unterschiede zwischen beiden Republiken einmal außer acht, so entspricht die Genfer Bürgerschaft *[bourgeoisie]* genau dem venezianischen Patriziat, unsere *natifs* und *habitans* den »Städtern« *[citadins]* und dem Volk von Venedig, unsere Bauern den Untertanen der Terraferma [Festland]. Kurz, wie man diese Republik auch betrachtet, so ist, abgesehen von ihrer Größe, ihre Regierung nicht aristokratischer als unsere. Der ganze Unterschied besteht darin, daß wir das Los nicht in gleicher Weise brauchen, da wir kein Oberhaupt auf Lebenszeit haben.

Wahlen durch das Los hätten wenig Nachteile in einer wahren Demokratie, wo alle gleich sind, sowohl durch die Sitten und Talente wie durch die Grundsätze und das Vermögen; die Wahl wäre da fast bedeutungslos. Aber ich sagte bereits, daß es keine wahre Demokratie gibt.

Wenn Wahl und Los gemischt werden, muß erstere dazu dienen, Stellen zu besetzen, die besondere Fähigkeiten verlangen, zum Beispiel militärische Posten. Das Los eignet sich dagegen bei Stellen, wo gesunder Menschenverstand, Gerechtigkeitssinn und Redlichkeit ausreichen, wie bei richterlichen Ämtern, denn diese Eigenschaften sind in einem Staat mit guter Verfassung Gemeingut aller Bürger.

Bei einer monarchischen Regierung sind weder Los noch Wahl am Platze. Da der Monarch von Rechts wegen alleiniger Fürst und einziger Magistrat ist, steht die Wahl seiner Stellvertreter nur ihm zu. Als der Abbé Saint-Pierre den Vorschlag machte, die Zahl der Räte des Königs von Frankreich zu erhöhen und ihre Mitglieder durch Abstimmung zu wählen, erkannte er nicht, daß er damit eine Änderung der Regierungsform vorschlug.

Jetzt müßte ich noch über die Art und Weise sprechen, wie die Stimmen in der Volksversammlung abgegeben und eingesammelt werden; vielleicht kann aber die Geschichte der römischen Staatsordnung in dieser Hinsicht die Grundsätze anschaulicher erklären, als ich es könnte. Es ist eines urteilsfähigen Lesers nicht unwürdig, etwas ausführlicher zu erfahren, wie öffentliche und Privatangelegenheiten in einem Rat von zweihunderttausend Menschen behandelt wurden.

IV. KAPITEL
Von den römischen Komitien

Aus den frühesten Zeiten Roms haben wir keine gesicherten Denkmäler; wahrscheinlich ist das meiste, was erzählt wird, nur Fabel.[1] Im allgemeinen wissen wir über den lehrreichsten Teil der Annalen der Völker, nämlich über die Geschichte ihrer Entstehung, am wenigsten. Täglich lehrt uns die Erfahrung, aus welchen Ursachen Reiche umgewälzt werden; da sich aber keine Völker mehr herausbilden, können wir ihre Entstehung nur auf Grund von Mutmaßungen erklären.

Die Gebräuche, die man vorfindet, bestätigen wenigstens, daß sie einen Ursprung gehabt haben. Von den auf diese Urquellen zurückgehenden Überlieferungen müssen jene als sicherste angesehen werden, die von den größten Autoritäten gestützt werden und die die stärksten Gründe für sich haben. Diesen Grundsätzen bemühte ich mich zu folgen, als ich untersuchte, wie das freieste und mächtigste Volk der Erde seine höchste Gewalt ausübte.

Nach der Gründung Roms wurde die entstehende Republik, das heißt das aus Albanern, Sabinern und Fremden zusammengesetzte Heer des Gründers, in drei Klassen geteilt, die nach die-

[1] Der Name *Rom*, der angeblich von *Romulus* stammt, ist griechisch und bedeutet *Kraft*; auch der Name *Numa* ist griechisch und bedeutet *Gesetz*. Scheint es nicht, als hätten die beiden ersten Könige dieser Stadt von vornherein Namen getragen, die so genau dem entsprachen, was sie taten?

ser Einteilung den Namen *Tribus* erhielten. Jede Tribus wurde in zehn Kurien und jede Kurie in Dekurien unterteilt, an deren Spitze man Befehlshaber stellte, die *Kurionen* und *Dekurionen* genannt wurden.

Aus jeder Tribus wurde ferner eine Schar von hundert Reitern oder Rittern herausgezogen, die Zenturie genannt wurde: man sieht daran, daß diese Einteilungen, die für einen Marktflecken kaum notwendig waren, zuerst nur militärischer Natur waren. Es scheint, eine Ahnung künftiger Größe brachte die kleine Stadt Rom dazu, sich von vornherein eine staatliche Ordnung zu geben, die der Hauptstadt der Welt angemessen war.

Aus dieser ersten Teilung ergab sich bald ein Nachteil. Während die Tribus der Albaner[1] und die der Sabiner[2] immer gleich blieben, erhöhte sich die Zahl der Fremden[3] durch ständigen Zustrom, so daß sie bald die beiden anderen überflügelte. Die Abhilfe, die Servius gegen dieses gefährliche Mißverhältnis fand, war eine veränderte Einteilung. Er ersetzte die Einteilung nach der Herkunft *[races]* durch eine nach Stadtteilen, die jede Tribus bewohnte. Statt drei bildete er vier Tribus; jede besetzte einen der römischen Hügel und trug dessen Namen. Er beseitigte dadurch die bestehende Ungleichheit und beugte ihr auch für die Zukunft vor; und damit diese Einteilung nicht nur für die Wohnorte, sondern auch für die Menschen gelte, verbot er den Einwohnern, aus einem Stadtviertel in ein anderes zu ziehen, was eine Vermischung der einzelnen Stämme verhinderte.

Ferner verdoppelte er die drei Zenturien der Ritter und fügte zwölf neue hinzu, aber unter den alten Namen; ein einfaches und kluges Mittel, um vollends den Ritterstand vom Volksheer abzuheben, ohne daß dieses murrte.

Zu den vier städtischen Tribus fügte Servius fünfzehn weitere hinzu, genannt ländliche Tribus, weil sie aus den Bewohnern des Landes gebildet wurden, das er in ebenso viele Kantone aufteilte. Später kamen noch ebenso viele neue hinzu, und schließlich war das römische Volk in fünfunddreißig Tribus aufgeteilt. Diese Zahl wurde bis zum Ende der Republik beibehalten.

[1] *Ramnenses.*

[2] *Tatienses.*

[3] *Luceres.*

Diese Unterscheidung zwischen städtischen und ländlichen Tribus hatte eine beachtenswerte Wirkung, die beispiellos dasteht. Rom verdankt ihr nicht nur die Erhaltung seiner Sitten, sondern auch die Ausdehnung seines Reiches. Man sollte meinen, die städtischen Tribus hätten sich Macht und Ehre bald allein angemaßt und die ländlichen Tribus herabgewürdigt; das Gegenteil trat ein. Es ist bekannt, wie die ersten Römer das Landleben liebten. Dazu hatte sie jener weise Gründer erzogen, der ländliche Arbeiten und militärische Übungen mit der Freiheit verband und Künste, Handwerk, Intrigen, Reichtum und Sklaverei gleichsam in die Stadt verbannte.

Da alle berühmten Männer Roms auf dem Land lebten und das Feld bestellten, gewöhnte man sich daran, nur hier die Stützen der Republik zu suchen. Da zu diesem Stand die würdigsten Patrizier gehörten, wurde er von allen geachtet: das einfache und arbeitsreiche Leben der Landleute wurde dem müßigen und weichlichen Leben der Bürger von Rom vorgezogen, und wer in der Stadt nur ein unglücklicher Proletarier gewesen wäre, wurde als Ackersmann ein geachteter Bürger. Nicht ohne Grund, sagte Varro, schufen unsere hochherzigen Vorfahren auf dem Lande die Pflanzstätte jener kräftigen und tapferen Männer, die sie im Kriege verteidigten und im Frieden ernährten. Plinius erklärt ausdrücklich, daß die ländlichen Tribus wegen der zu ihnen gehörenden Männer geehrt wurden, während man Feiglinge, die man herabwürdigen wollte, zum Schimpf in die städtischen Tribus versetzte. Als sich der Sabiner Appius Claudius in Rom niederließ, wurde er mit Ehren überhäuft und in eine ländliche Tribus eingeschrieben, die dann den Namen seiner Familie annahm. Schließlich wurden Freigelassene nur in städtische, nie in ländliche Tribus aufgenommen; und es gibt während der ganzen Dauer der Republik kein Beispiel dafür, daß ein Freigelassener, selbst wenn er Bürger geworden war, in ein Amt gelangt ist.

Dieser Grundsatz war ausgezeichnet, wurde aber derart übertrieben, daß er schließlich zu einem Wandel, jedenfalls zu einem Mißbrauch in der staatlichen Ordnung führte.

Erstens gestatteten die Zensoren, nachdem sie sich über lange Zeit das Recht willkürlicher Versetzung von Bürgern aus einer Tribus in die andere angemaßt hatten, den meisten, sich dort einschreiben zu lassen, wo es ihnen am besten gefiel; eine Erlaubnis, die gewiß nichts Gutes bewirkte und der Zensur eine wesentliche Triebfeder raubte. Da außerdem die Großen und Mächtigen sich nur in die Landtribus einschreiben ließen, während die Freigelassenen, die Bürger geworden waren, mit dem gemeinen Volk in den städtischen verblieben, hatten die Tribus im allgemeinen keinen festen Standort mehr. Sie waren allesamt derart vermischt, daß man ihre Mitglieder nur nach Listen ermitteln konnte, so daß die Idee der *Tribus* vom Sachlichen zum Persönlichen verschoben oder vielmehr fast zu einem Trugbild wurde.

Es kam auch vor, daß die städtischen Tribus, die ja näher lagen, in den Komitien zahlreicher vertreten waren und den Staat denen verkauften, die bereit waren, die Stimmen des Pöbels zu kaufen, aus dem jene Tribus bestanden.

Da jede Tribus vom Gründer in zehn Kurien eingeteilt war, bestand das damals innerhalb der Stadtmauern lebende römische Volk aus dreißig Kurien. Jede hatte ihre eigenen Tempel, Götter, Beamten, Priester und Feste, die sogenannten *compitalia*, ähnlich den späteren *paganalia* der ländlichen Tribus.

Da bei der neuen Einteilung des Servius die dreißig Kurien nicht gleichmäßig auf die vier Tribus aufgeteilt werden konnten und er keine Änderung vornehmen wollte, wurden die von den Tribus unabhängigen Kurien eine weitere Gliederung der Bewohner Roms. Bei den ländlichen Tribus und dem sie bildenden Volk war dagegen von Kurien nicht die Rede, weil die Tribus zu einer rein zivilen Einrichtung und die militärischen Einteilungen des Romulus überflüssig geworden waren, da eine andere Aushebungsart galt. So war zwar jeder Staatsbürger in eine Tribus eingeschrieben, doch bei weitem nicht jeder in eine Kurie.

Servius vollzog noch eine dritte Aufgliederung, die mit den beiden anderen keine Beziehung hatte, in ihrer Wirkung jedoch die wichtigste von allen wurde. Er teilte das ganze römische Volk in sechs Klassen ein, die er weder nach dem Ort noch nach den Menschen, sondern nach dem Vermögen unterschied: Die ersten Klassen waren die Reichen, die letzten die Armen, die mittleren jene mit bescheidenem Vermögen. Diese sechs Klassen wurden in einhundertdreiundneunzig Körperschaften untergliedert, die Zenturien genannt wurden, sie waren so verteilt, daß auf die erste

Klasse allein über die Hälfte entfiel und auf die letzte nur eine einzige. Demnach zählte die Klasse mit den wenigsten Menschen die meisten Zenturien, und die ganze letzte Klasse wurde nur als eine Unterabteilung betrachtet, obwohl sie allein mehr als die Hälfte der Einwohner Roms umfaßte.

Damit das Volk die Folgen dieser letzten Einrichtung nicht so leicht durchschaute, suchte ihr Servius einen militärischen Anstrich zu geben: In die zweite Klasse fügte er zwei Zenturien von Waffenschmieden und in die vierte zwei von Kriegsbaumeistern ein. In jeder Klasse – mit Ausnahme der letzten – unterschied er die Jungen von den Alten, das heißt die zum Waffendienst Verpflichteten und die auf Grund ihres Alters gesetzlich davon Befreiten. Diese Unterscheidung machte, mehr als die nach dem Vermögen, eine häufigere Wiederholung des Zensus oder der Volkszählung nötig. Schließlich bestimmte er, daß die Versammlung auf dem Marsfeld stattfinden und alle Männer im dienstfähigen Alter mit ihren Waffen erscheinen sollten.

In der letzten Klasse nahm er nicht diese Einteilung zwischen Jungen und Alten vor, weil man dem Pöbel, aus dem sie zusammengesetzt war, nicht die Ehre zugestand, für das Vaterland Waffen zu tragen. Man mußte einen Herd haben, um ihn auch verteidigen zu dürfen. Wenn die Heere der Könige heutzutage mit einer Riesenschar von Bettlern aufwarten, so gibt es darunter vielleicht keinen einzigen, der nicht mit Schande aus einer römischen Kohorte gejagt worden wäre, als die Soldaten noch Verteidiger der Freiheit waren.

Dennoch unterschied man in der letzten Klasse noch die *Proletarier* von den sogenannten *capite censi*. Erstere waren nicht völlig besitzlos und brachten dem Staat wenigstens Bürger ein, in dringenden Fällen sogar Soldaten. Jene dagegen, die gar nichts besaßen und nur nach Köpfen gezählt werden konnten, wurden als nicht vorhanden betrachtet. Marius war der erste, der sich herbeiließ, sie anzuwerben.

Ohne hier zu entscheiden, ob diese dritte Einteilung an sich gut oder schlecht war, glaube ich behaupten zu können, daß nur die einfachen Sitten der ersten Römer, ihre Uneigennützigkeit, ihre Vorliebe für den Ackerbau, ihre Verachtung für den Handel und die Gewinnsucht sie durchführbar machten. Wo ist heute das

Volk, bei dem die verzehrende Habgier, der unruhige Geist, die Intrige, der ständige Ortswechsel, die ewigen Umwälzungen der Vermögen eine derartige Einrichtung auch nur zwanzig Jahre bestehen ließen, ohne den ganzen Staat umzustürzen? Auch verdient bemerkt zu werden, daß in Rom die Sitten und die Zensur, stärker als diese Einrichtung, deren Mißstände beseitigten und daß mancher Reiche in die Klasse der Armen zurückgestoßen wurde, weil er seinen Reichtum zu sehr zur Schau gestellt hatte.

Aus all dem ist leicht zu verstehen, warum fast immer nur fünf Klassen erwähnt werden, obwohl es in Wirklichkeit sechs gab. Da die sechste weder Soldaten für das Heer noch Stimmberechtigte für das Marsfeld[1] lieferte und der Republik kaum von Nutzen war, wurde sie selten berücksichtigt.

Das waren die verschiedenen Einteilungen des römischen Volkes. Betrachten wir jetzt, welche Rolle sie in den Versammlungen spielten. Die gesetzlich einberufenen Versammlungen hießen *Komitien*; gewöhnlich fanden sie auf dem Forum oder dem Marsfeld statt. Man unterschied drei Einteilungsformen: Komitien nach Kurien, nach Zenturien und nach Tribus. Die *comitia curiata* waren von Romulus, die *comitia centuriata* von Servius und die *comitia tributa* von den Volkstribunen eingeführt worden. Außerhalb der Komitien wurde kein Gesetz bestätigt, kein Beamter gewählt; und da es keinen Bürger gab, der nicht in eine Kurie, eine Zenturie oder eine Tribus eingeschrieben war, war folglich kein Bürger vom Stimmrecht ausgeschlossen und das römische Volk de facto und de jure wirklich der Souverän.

Damit die Komitien gesetzlich einberufen wurden und ihre Beschlüsse Rechtskraft erhielten, mußten drei Bedingungen erfüllt werden: Erstens mußte die Körperschaft oder der Beamte, der sie einberief, die dazu nötige Vollmacht besitzen; zweitens mußte die Versammlung an einem gesetzlich erlaubten Tag stattfinden, und drittens mußten die Vorzeichen *[augures]* günstig sein.

Der Grund der ersten Vorschrift bedarf keiner Erläuterung. Die zweite ist eine ordnungsrechtliche Bestimmung; so war es

[1] Ich sage, auf dem *Marsfeld*, weil sich dort die Komitien nach Zenturien versammelten; nach den beiden anderen Einteilungen versammelte sich das Volk auf dem *Forum* oder anderswo, und dann hatten die *capite censi* ebensoviel Einfluß und Macht wie die ersten Bürger.

nicht gestattet, die Komitien an Feier- und Markttagen abzuhalten, an denen die Landleute geschäftehalber nach Rom kamen und keine Zeit hatten, den Tag auf dem Forum zu verbringen. Durch die dritte hielt der Senat ein stolzes und unruhiges Volk am Zügel und mäßigte zu rechter Zeit den Eifer aufrührerischer Tribunen; allerdings fanden diese mehr als ein Mittel, sich diesem Zwang zu entziehen.

Die Gesetze und die Wahl der Oberen waren nicht das einzige, das dem Urteil der Komitien unterworfen war: da das römische Volk die wichtigsten Regierungsfunktionen an sich gerissen hatte, kann man sagen, daß das Schicksal Europas in diesen Versammlungen entschieden wurde. Die Mannigfaltigkeit der Gegenstände, über die diese Versammlungen zu urteilen hatten, bedingte die verschiedenen Formen, die sie annahmen.

Um über diese verschiedenen Formen urteilen zu können, genügt es, sie zu vergleichen. Als Romulus die Kurien einführte, wollte er den Senat durch das Volk und das Volk durch den Senat im Zaum halten, während er über alle herrschte. Durch diese Form gab er dem Volk die Autorität der Zahl, um die Macht des Einflusses und des Reichtums aufzuwiegen, die er den Patriziern ließ. Dem Geist der Monarchie entsprechend hatten die Patrizier durch den Einfluß ihrer Klienten auf die Mehrheit der Stimmen dennoch einen Vorteil. Die bewundernswerte Einrichtung von Patronen und Klienten war ein Meisterwerk der Politik und Menschlichkeit, ohne die das Patriziat, das dem Geist der Republik so widerspricht, nicht hätte bestehen können. Rom allein gebührt die Ehre, der Welt dieses schöne Beispiel gegeben zu haben, das nie zu einem Mißbrauch führte und dennoch niemals nachgeahmt wurde.

Da die Form der Kurien unter den Königen bis zu Servius bestand und die Herrschaft des letzten Tarquiniers nicht als rechtmäßig gilt, bezeichnete man später die königlichen Gesetze als *leges curiatae*.

Unter der Republik paßten die Kurien, da sie nach wie vor auf die vier städtischen Tribus beschränkt blieben und somit nur noch den Pöbel von Rom umfaßten, weder dem Senat, der an der Spitze der Patrizier stand, noch den Tribunen, die, obzwar Plebejer, an der Spitze der wohlhabenden Bürger standen. Sie gerieten deshalb in Verruf; ihre Herabwürdigung ging so weit, daß ihre dreißig versammelten Liktoren selbst alles entschieden, was die Kurienversammlungen hätten entscheiden müssen.

Die Einteilung nach Zenturien war für die Aristokratie so günstig, daß es im ersten Augenblick unbegreiflich ist, wie der Senat aus den gleichnamigen Komitien, in denen die Konsuln, die Zensoren und die anderen kurulischen Amtsträger gewählt wurden, nicht immer siegreich hervorging. Von den einhundertdreiundneunzig Zenturien, in die die sechs Klassen des ganzen römischen Volkes eingeteilt waren, umfaßte die erste Klasse in der Tat achtundneunzig. Da die Stimmen nur nach Zenturien gezählt wurden, überwog schon die erste Klasse allein alle übrigen an Stimmenzahl. Waren alle ihr angehörenden Zenturien einig, unterblieb deshalb jede weitere Stimmenzählung; was die kleinste Zahl entschieden hatte, galt als Entscheidung der Mehrheit, und man kann von den Zenturienversammlungen sagen, daß die Staatsangelegenheiten mehr von der Mehrheit des Geldes als von der Mehrheit der Stimmen abhingen.

Aber diese außerordentliche Autorität wurde durch zwei Mittel abgeschwächt. Erstens waren gewöhnlich die Tribunen und viele Plebejer in der Klasse der Reichen und glichen das Gewicht der Patrizier in dieser ersten Klasse aus.

Das zweite Mittel bestand darin, die Zenturien nicht in ihrer Reihenfolge abstimmen zu lassen: statt mit der ersten anzufangen, wurde eine durch das Los bestimmt, die allein[1] abstimmte. Alle Zenturien wurden dann an einem anderen Tag der Reihe nach zur gleichen Wahl gerufen, und gewöhnlich bestätigten sie diese. Dadurch nahm man dem Rang die Autorität, als Beispiel zu wirken, um sie nach dem Grundsatz der Demokratie dem Zufall zu überlassen.

Dieser Brauch hatte noch einen anderen Vorteil: Die Bürger vom Land hatten zwischen den beiden Wahlen Zeit, sich über die Verdienste des vorläufig gewählten Kandidaten zu erkundigen, und konnten so ihre Stimme mit Sachkenntnis abgeben. Aber unter dem Vorwand schnellerer Erledigung wurde dieser

[1] Diese durch das Los bestimmte Zenturie wurde *praerogativa* genannt, weil sie die erste war, die man um ihre Stimme befragte, und von daher stammt das Wort Prärogative.

Brauch abgeschafft, und beide Wahlen fanden am gleichen Tag statt.

Die Komitien nach Tribus waren die eigentlichen Ratsversammlungen des römischen Volkes. Sie durften nur von den Tribunen einberufen werden; die Tribunen wurden von ihnen gewählt und ließen über ihre Anträge abstimmen. Der Senat hatte in ihnen nicht nur keinen Vorrang, er durfte noch nicht einmal an ihnen teilnehmen. Gezwungen, Gesetzen sich zu fügen, über die sie nicht abstimmen durften, waren die Senatoren in dieser Hinsicht weniger frei als die geringsten Bürger. Diese Ungerechtigkeit wurde ganz und gar mißverstanden und genügte, die Beschlüsse einer Körperschaft, bei der nicht alle Mitglieder zugelassen waren, ungültig zu machen. Hätten alle Patrizier nach dem Recht, das sie als Bürger besaßen, an diesen Versammlungen teilgenommen, sie hätten als einfache Privatleute kaum Einfluß auf eine Form der Abstimmung gehabt, bei der die Stimmen nach Köpfen gezählt wurden und der geringste Proletarier soviel galt wie der Senatspräsident.

Abgesehen von der Ordnung, die sich aus den verschiedenen Einteilungen für die Stimmenabgabe eines so großen Volkes ergab, ist ersichtlich, daß diese Einteilungen an sich nicht gleichgültige Formen waren, sondern im Sinne der Absicht wirkten, um derentwillen man sie bevorzugt hatte.

Ohne weiter in Einzelheiten zu gehen, folgt aus den vorhergehenden Erörterungen, daß die Komitien nach Tribus die Volksregierung und die nach Zenturien die Aristokratie begünstigten. Die Komitien nach Kurien, in denen der Pöbel Roms die Mehrheit hatte, mußten in Verruf kommen, da sie nur dazu taugten, die Tyrannei und üble Machenschaften zu begünstigen, um so mehr, als selbst die Aufrührer ein Mittel verschmähten, das ihre Absichten allzu deutlich verriet. Soviel ist gewiß, die ganze Majestät des römischen Volkes fand sich nur in den Zenturienversammlungen, die allein vollzählig waren; in den Kurienversammlungen fehlten die ländlichen Tribus und in den Komitien nach Tribus der Senat und die Patrizier.

Die Form der Stimmenabgabe war bei den ersten Römern ebenso einfach wie ihre Sitten, wenn auch weniger einfach als in Sparta. Jeder gab seine Stimme laut ab, während ein Schreiber sie der Reihe nach aufschrieb. In jeder Tribus bestimmte die Stimmenmehrheit das Votum der Tribus, die Stimmenmehrheit unter den Tribus sodann das Votum des Volkes; bei den Kurien und den Zenturien wurde ebenso verfahren. Dieser Brauch war gut, solange Redlichkeit unter den Bürgern herrschte und jeder sich schämte, öffentlich für eine ungerechte Sache oder einen unwürdigen Menschen zu stimmen; als das Volk jedoch korrupt wurde und man Stimmen kaufte, zog man geheime Abstimmungen vor, um die Käufer durch Mißtrauen zu zügeln und es den käuflichen Gaunern zu ermöglichen, nicht zu Verrätern zu werden.

Ich weiß, daß Cicero diese Änderung tadelt und ihr zum Teil den Untergang der Republik zuschreibt. Obwohl ich fühle, welches Gewicht die Autorität eines Cicero hat, kann ich dennoch nicht seiner Meinung sein. Ich bin im Gegenteil überzeugt, daß man den Untergang des Staates dadurch beschleunigt hat, daß man nicht genug ähnliche Veränderungen vornahm. Wie sich die Lebensweise gesunder Leute nicht für Kranke eignet, so darf man ein korrumpiertes Volk nicht nach den Gesetzen regieren wollen, die einem guten Volk angemessen sind. Nichts beweist diesen Grundsatz besser als das Fortbestehen der Republik Venedig, deren Schattenbild einzig und allein darum noch existiert, weil ihre Gesetze nur für schlechte Menschen taugen.

Man verteilte also unter die Bürger Täfelchen, mit denen jeder wählen konnte, ohne daß man erfuhr, wie er gewählt hatte. Ferner führte man für das Einsammeln der Täfelchen, die Zählung der Stimmen, das Vergleichen der Ergebnisse usw. neue Förmlichkeiten ein. Das verhinderte jedoch nicht, daß die mit diesen Funktionen betrauten Beamten[1] oft der Untreue bezichtigt wurden. Um Bestechung und Stimmenhandel zu verhindern, erließ man Verordnungen, deren Zahl nur ihre Nutzlosigkeit beweist.

In den letzten Zeiten der Republik war man oft zu außerordentlichen Maßnahmen gezwungen, um der Unzulänglichkeit der Gesetze abzuhelfen. Mal ersann man Wunder; ein Mittel, das das Volk beeindrucken konnte, aber nicht die Regierenden; ein

[1] *Custodes* (Wächter, Aufseher), *diribitores* (Stimmenauszähler), *rogatores suffragiorum* (Stimmensammler).

andermal berief man plötzlich eine Versammlung ein, ehe die Kandidaten Zeit hatten, Ränke zu schmieden; dann wieder verbrachte man eine ganze Sitzung mit Reden, sobald man merkte, daß das bereits gewonnene Volk seine Meinung ändern wollte. Aber der Ehrgeiz verstand es letztlich, all diese Mittel zu umgehen; und unglaublich ist, daß inmitten so vieler Mißbräuche dieses Riesenvolk dank seinen alten Satzungen fortfuhr, Beamte zu wählen, Gesetze zu erlassen, Urteile zu fällen, private und öffentliche Angelegenheiten zu erledigen, und das fast mit derselben Leichtigkeit, wie es der Senat selbst hätte tun können.

V. KAPITEL
Vom Tribunat

Wenn zwischen den konstitutiven Teilen des Staates kein genaues Verhältnis hergestellt werden kann oder wenn unüberwindbare Ursachen ständig ihre gegenseitigen Beziehungen stören, dann wird eine besondere, von den anderen unabhängige Behörde eingerichtet, die jedes Glied wieder in sein richtiges Verhältnis stellt und ein Band oder Mittelglied zwischen dem Fürsten und dem Volk oder zwischen dem Fürsten und dem Souverän oder, wenn nötig, nach beiden Seiten gleichzeitig bildet.

Diese Körperschaft, die ich *Tribunat* nenne, wacht über Gesetze und die gesetzgebende Gewalt. Mitunter dient sie zum Schutz des Souveräns gegen die Regierung, wie in Rom die Volkstribunen; bisweilen zur Stütze der Regierung gegen das Volk, wie in Venedig der Rat der Zehn, und manchmal auch zur Aufrechterhaltung des beiderseitigen Gleichgewichts, wie die Ephoren in Sparta.

Das Tribunat ist kein konstitutiver Bestandteil des Gemeinwesens und darf weder an der Legislative noch an der Exekutive Anteil haben; aber gerade dadurch ist seine Gewalt um so größer: obwohl es nichts tun kann, kann es alles verhindern. Als Verteidiger der Gesetze ist es heiliger und wird mehr verehrt als der Fürst, der sie vollzieht, und als der Souverän, der sie erläßt. Das sah man deutlich in Rom, als die stolzen Patrizier, die immer das ganze Volk verachteten, gezwungen waren, sich vor einem einfachen Diener *[officier]* des Volkes zu beugen, der weder Auspizien noch richterliche Gewalt besaß.

Ein weise gemäßigtes Tribunat ist die festeste Stütze einer guten Verfassung; verfügt es jedoch über zuviel Macht, stürzt es alles um. Schwäche liegt nicht in seiner Natur, und ist es nur erst vorhanden, so fällt es nie weniger ins Gewicht als nötig.

Es artet in Tyrannei aus, sobald es die Exekutive usurpiert, die es lediglich zu mäßigen hat, und sobald es Gesetze durchführen will, die es nur zu beschützen hat. Die gewaltige Macht der Ephoren, die ungefährlich war, solange Sparta seine Sitten bewahrte, beschleunigte die einmal begonnene Korruption. Das Blut des von diesen Tyrannen gemordeten Agis wurde von seinem Nachfolger gerächt: das Verbrechen und die Bestrafung der Ephoren beschleunigten gleichermaßen den Untergang der Republik, und nach Kleomenes gab es eigentlich kein Sparta mehr. Rom ging auf dem gleichen Weg unter; die übermäßige Macht, die die Tribunen nach und nach usurpiert hatten, diente schließlich vermittels Gesetzen, welche für die Freiheit gemacht waren, dem Schutz von Kaisern, die sie vernichteten. Und der Rat der Zehn in Venedig ist ein Blutgericht, den Patriziern ebenso ein Grauen wie dem Volk; statt vor aller Augen die Gesetze zu schützen, dient er, nachdem sie herabgewürdigt wurden, nur noch dazu, im verborgenen Schläge auszuteilen, die niemand zu bemerken wagt.

Wie die Regierung wird auch das Tribunat durch die Vermehrung seiner Mitglieder geschwächt. Als die römischen Volkstribunen, anfangs zwei, später fünf, diese Zahl verdoppeln wollten, ließ der Senat sie gewähren, da er überzeugt war, die einen durch die anderen in Schranken halten zu können; was auch nicht ausblieb.

Das beste Mittel, den Usurpationen durch einen derart gefährlichen Körper zuvorzukommen – ein Mittel, das bis jetzt noch keiner Regierung eingefallen ist –, wäre, diesen Körper nicht zu einer ständigen Einrichtung zu machen, sondern Zwischenzeiten festzulegen, in denen seine Tätigkeit ruht. Diese Zwischenzeiten dürfen nicht so lang sein, daß sich Mißbräuche verfestigen können; sie können gesetzlich so festgelegt werden, daß sie im Notfall durch Sonderausschüsse verkürzt werden können.

Dieses Mittel scheint mir ohne Nachteil, weil das Tribunat, wie gesagt, kein Teil der Verfassung ist und, ohne sie zu gefährden, aufgehoben werden kann. Und ich halte es für wirksam, weil ein neueingeführter Beamter nicht von der Macht seines Vorgängers ausgeht, sondern von der, die das Gesetz ihm gibt.

VI. KAPITEL
Von der Diktatur

Die Unbeugsamkeit der Gesetze, die es ihnen unmöglich macht, sich den Ereignissen anzupassen, kann in gewissen Fällen Schaden stiften und in einer Krise den Untergang des Staates verursachen. Die Ordnung und Schwerfälligkeit der Formen verlangen mehr Zeit, als die Umstände es bisweilen erlauben. Es können tausend Fälle eintreten, für die der Gesetzgeber nicht vorgesorgt hat. Begreifen, daß man nicht alles vorhersehen kann, ist eine sehr notwendige Voraussicht.

Man darf daher die politischen Einrichtungen nicht derart verfestigen wollen, daß man nicht mehr die Macht hat, ihre Wirkung aufzuheben. Selbst Sparta setzte seine Gesetze zeitweise außer Kraft.

Doch nur allergrößte Gefahren können die Gefahr aufwiegen, die eine Änderung der öffentlichen Ordnung bedeutet, und man darf die heilige Macht der Gesetze nur aufheben, wenn es um das Wohl des Vaterlandes geht. In diesen seltenen und eindeutigen Fällen erhält man die öffentliche Sicherheit durch einen Sonderakt aufrecht, indem man den Würdigsten mit ihrem Amte betraut. Dieser Auftrag kann je nach Art der Gefahr auf zweierlei Weise erteilt werden.

Genügt zur Abhilfe eine verstärkte Tätigkeit der Regierung, dann konzentriert man sie auf ein oder zwei ihrer Mitglieder; auf diese Weise tastet man nicht die Autorität der Gesetze an, sondern nur die Form ihrer Handhabung. Ist jedoch die Gefahr so groß, daß die Gesetzesmaschine zum Hindernis wird, sich vor ihr zu schützen, ernennt man ein Oberhaupt, das alle Gesetze zum Schweigen bringt und die souveräne Gewalt zeitweilig aufhebt. In solchem Fall läßt der Gemeinwille keinen Zweifel zu, und es liegt auf der Hand, daß die Hauptsorge des Volkes darauf gerichtet sein muß, daß der Staat nicht stirbt. Somit bedeutet die vorübergehende Aufhebung der gesetzgebenden Gewalt nicht ihre Abschaffung; der Beamte, der sie zum Schweigen bringt, kann nicht für sie sprechen; er beherrscht sie, ohne sie vertreten zu können; er vermag alles, nur keine Gesetze zu erlassen.

Das erste Verfahren wandte der römische Senat an, wenn er die Konsuln mit einer feststehenden Formel beauftragte, für das Wohl der Republik zu sorgen. Das zweite war gegeben, wenn einer der beiden Konsuln einen Diktator ernannte[1]; für diesen Brauch hatte Alba Rom das Beispiel gegeben.

In den Anfängen der Republik griff man häufig zur Diktatur, weil der Staat noch nicht gefestigt war, um sich allein kraft seiner Verfassung erhalten zu können. Die Sitten machten damals viele Vorsichtsmaßnahmen überflüssig, die später notwendig wurden. Man fürchtete weder, daß ein Diktator seine Macht mißbrauchen noch daß er versuchen würde, sie über die Zeit hinaus zu behalten. Eine so große Macht schien im Gegenteil den damit Betrauten derart zu belasten, daß er sich ihrer schnell zu entledigen suchte; als wäre es ein zu mühseliges und gefährliches Amt, die Stelle der Gesetze einzunehmen!

Der zu häufige Rückgriff auf dieses höchste Amt in den ersten Zeiten ist auch nicht wegen der Gefahr des Mißbrauchs zu tadeln, sondern wegen seiner Abwertung. Denn wenn man es zur Abhaltung von Wahlen, Einweihungen und reinen Formalitäten verschwendete, war zu befürchten, daß es im Notfall weniger wirksam wäre und man sich daran gewöhnte, ein Amt, das nur zu leeren Feierlichkeiten diente, als leeren Titel zu betrachten.

Gegen Ende der Republik gingen die jetzt vorsichtiger gewordenen Römer mit der Diktatur ebenso unbegründet allzu sparsam um wie vorher allzu verschwenderisch. Es war leicht einzusehen, daß ihre Furcht wenig begründet war, denn gerade die Schwäche der Hauptstadt garantierte damals ihre Sicherheit gegen die in ihr tätigen Beamten. Ein Diktator konnte in gewissen Fällen die öffentliche Freiheit verteidigen, aber sie nie antasten; die Ketten Roms wurden nicht in Rom selbst, sondern in seinen Heeren ge-

[1] Die Ernennung geschah nachts und im geheimen, als ob man sich geschämt hätte, einen Menschen über das Gesetz zu stellen.

schmiedet: der geringe Widerstand, den Marius Sulla und Pompejus Cäsar leisteten, zeigte deutlich, was man von der Autorität im Innern gegen die Gewalt von außen erwarten konnte.

Dieser Irrtum führte zu großen Fehlern. So zum Beispiel, bei der Verschwörung Catilinas keinen Diktator ernannt zu haben. Da nur die Stadt und höchstens einige Provinzen Italiens im Spiele waren, hätte ein Diktator mit der schrankenlosen Autorität, die die Gesetze ihm gaben, die Verschwörung leicht auflösen können. Sie wurde nur durch ein Zusammentreffen glücklicher Umstände erstickt, die menschliche Voraussicht nicht erwarten konnte.

Statt dessen begnügte sich der Senat, den Konsuln seine ganze Macht zu übertragen. So kam es, daß Cicero, um mit Erfolg zu handeln, gezwungen war, diese Gewalt in einem entscheidenden Punkt zu überschreiten; zwar billigte man seine Handlungsweise im ersten Freudenüberschwang, doch dann zog man ihn mit Recht wegen des ungesetzlich vergossenen Blutes der Bürger zur Rechenschaft; ein Vorwurf, den man gegen einen Diktator nicht hätte erheben können. Aber die Beredsamkeit des Konsuls riß alle mit; und er selbst, obwohl Römer, liebte seinen eigenen Ruhm mehr als sein Vaterland; er suchte nicht das gesetzlichste und sicherste Mittel, den Staat zu retten, als vielmehr jenes, das ihm die gesamte Ehre in dieser Sache zuteil werden ließ.[1] Er wurde zu Recht als Befreier Roms geehrt und zu Recht als Rechtsbrecher bestraft. So glänzend seine Zurückberufung auch war, war sie doch mit Gewißheit nur eine Begnadigung.

Wie auch immer dieser wichtige Auftrag erteilt wird, es gilt, seine Dauer auf eine sehr kurze Zeit zu beschränken, die nie verlängert werden darf. In den Krisen, die seine Einführung erforderlich machen, wird der Staat schnell zerstört oder gerettet, und ist die größte Gefahr überwunden, wird die Diktatur tyrannisch oder sinnlos. Da die Diktatoren in Rom nur auf sechs Monate ernannt wurden, legten die meisten ihr Amt schon vorher nieder. Wäre der Zeitraum länger gewesen, hätten sie versucht sein können, ihn zu verlängern, wie es die Decemvirn mit ihrer einjähri-

[1] Darauf konnte er sich nicht verlassen, wenn er einen Diktator vorschlug, da er es nicht wagte, sich selbst zu ernennen, und nicht sicher sein konnte, daß sein Kollege ihn ernennen würde.

gen Amtszeit gemacht haben. Der Diktator hatte nur Zeit, die Aufgabe zu erfüllen, für die er gewählt worden war, er hatte keine Zeit, an andere Pläne zu denken.

VII. KAPITEL
Von der Zensur

Wie sich der Gemeinwille im Gesetz kundtut, äußert sich die öffentliche Meinung durch die Zensur. Die öffentliche Meinung ist die Art Gesetz, für dessen Einhaltung der Zensor zu sorgen hat und das er, nach dem Beispiel des Fürsten, nur bei besonderen Fällen anwenden darf.

Das Zensurgericht ist also keineswegs Schiedsrichter über die Meinung des Volkes, sondern nur ihr Sprachrohr, und sobald es von ihr abweicht, sind seine Entscheidungen null und nichtig.

Es ist nutzlos, die Sitten einer Nation von den Gegenständen seiner Wertschätzung zu unterscheiden, denn sie beruhen auf demselben Grundsatz und gehen notwendigerweise ineinander über. Bei allen Völkern der Erde entscheidet nicht die Natur, sondern die Meinung über die Wahl ihrer Vergnügungen. Bringt den Menschen bessere Meinungen bei, dann werden sich ihre Sitten von selbst veredeln. Man liebt stets das Schöne oder was man dafür hält; nur im Urteil darüber täuscht man sich; dieses Urteil muß folglich berichtigt werden. Wer über die Sitten urteilt, urteilt über die Ehre, und wer über die Ehre urteilt, läßt sich durch die Meinung bestimmen.

Die Meinungen eines Volkes entstehen aus seiner Verfassung. Obgleich das Gesetz die Sitten nicht regelt, bringt die Gesetzgebung sie hervor; verliert die Gesetzgebung an Kraft, entarten die Sitten; dann aber vermag auch das Urteil der Zensoren nicht zu bewirken, was die Kraft der Gesetze nicht vermochte.

Hieraus folgt, daß die Zensur der Erhaltung, nie aber der Wiederherstellung der Sitten dienen kann. Setzt Zensoren ein, solange die Gesetze in Kraft sind; haben sie ihre Wirkung verloren, ist alles hoffnungslos. Nichts Rechtmäßiges gilt mehr, wenn die Gesetze nicht mehr gelten.

Die Zensur erhält die Sitten, indem sie die Korruption der

Meinungen verhindert, ihre Lauterkeit durch weise Anwendung der Gesetze bewahrt und die Sitten manchmal fixiert, wenn sie noch ungefestigt sind. Der im Königreich Frankreich bei Duellen bis zum Äußersten getriebene Brauch, Sekundanten hinzuzuziehen, wurde allein durch folgende Worte eines königlichen Erlasses abgeschafft: *Wer so feige ist, Sekundanten zu bestellen ...* Dieses Urteil kam der allgemeinen Meinung entgegen und entschied es mit einem Schlag. Als aber die gleichen Erlasse durchsetzen wollten, daß es eine Feigheit sei, sich im Duell zu schlagen – was sehr wahr ist, aber der allgemeinen Meinung zuwiderläuft –, spottete das Publikum dieser Entscheidung, über die es bereits sein Urteil gefällt hatte.

An anderer Stelle[1] habe ich gesagt, daß die öffentliche Meinung keinem Zwang unterworfen ist, es also auch keine Spur eines Zwangs bei dem Tribunal geben darf, das eingerichtet wurde, sie zu vertreten. Man kann nicht genug bewundern, wie geschickt dieses bei den Modernen völlig verlorengegangene Amt von den Römern und mehr noch von den Spartanern gehandhabt wurde.

Wenn ein sittenloser Mensch in Sparta einen guten Vorschlag im Rat unterbreitet hatte, ließen die Ephoren, ohne ihn zu beachten, den gleichen Vorschlag von einem tugendhaften Bürger wiederholen. Welche Ehre für den einen, welche Schande für den anderen, ohne daß einer von ihnen gelobt oder getadelt worden wäre! Trunkenbolde hatten in Samos den Gerichtshof der Ephoren besudelt. Am nächsten Tag wurde den Samiern durch öffentlichen Erlaß gestattet, sich unanständig zu benehmen. Eine wirkliche Bestrafung wäre milder gewesen als diese Straflosigkeit. Wenn Sparta entschieden hatte, was ehrenhaft ist und was nicht, erhob Griechenland keine Einwände.

[1] Ich deute in diesem Kapitel nur an, was ich in dem Brief an d'Alembert ausführlich behandelt habe.

VIII. KAPITEL

Von der Bürgerreligion *[religion civile]*

Anfangs hatten die Menschen keine anderen Könige als die Götter und keine andere Regierung als die theokratische. Sie teilten Caligulas Schlußfolgerung, und so urteilten sie richtig. Es bedarf einer langwierigen Wandlung der Gefühle und Gedanken, ehe man sich entschließen kann, seinesgleichen als Herrn anzuerkennen und sich einzureden, es gehe einem dabei gut.

Allein daraus, daß man Gott an die Spitze einer jeden Gesellschaft *[société politique]* stellte, folgte, daß es ebensoviel Götter wie Völker gab. Zwei einander fremde und fast immer feindliche Völker konnten nicht lange ein und denselben Herrn anerkennen: zwei Heere, die sich eine Schlacht liefern, können nicht demselben Feldherrn gehorchen. Aus den nationalen Trennungen entstand so der Polytheismus und aus diesem die theologische und staatsbürgerliche Intoleranz, die, wie ich noch nachweisen werde, ihrem Wesen nach identisch sind.

Die Griechen wähnten, bei den barbarischen Völkern ihre eigenen Götter wiederzufinden, weil sie sich die natürlichen Herren dieser Völker wähnten. Höchst lächerlich ist aber die Gelehrsamkeit unserer Tage, wenn sie die Identität der Götter verschiedener Nationen behauptet; als ob Moloch, Saturn und Kronos der gleiche Gott sein könnten; als ob der Baal der Phönizier, der Zeus der Griechen und der Jupiter der Lateiner der gleiche sein könnten; als ob Trugbilder mit verschiedenen Namen etwas Gemeinsames haben könnten!

Wie ist zu erklären, daß es im Heidentum, wo jeder Staat seinen Kult und seine Götter hatte, keine Religionskriege gab? Meine Antwort: Eben weil jeder Staat seinen eigenen Kult wie seine eigene Regierung hatte und seine Götter nicht von seinen Gesetzen unterschied. Der politische Krieg war auch ein theologischer Krieg: die Machtsphären der Götter waren sozusagen von den Gesetzen der Nationen festgelegt. Der Gott eines Volkes hatte kein Recht über die anderen Völker. Die Götter der Heiden waren keine eifersüchtigen Götter; sie teilten untereinander die Herrschaft der Welt. Selbst Moses und das hebräische Volk vertraten manchmal diesen Gedanken, wenn sie vom Gott Israels sprachen. Allerdings betrachteten sie die Götter der Kanaanäer, geächteter Völker, dem Untergang und dazu geweiht, ihnen Platz zu machen, als nichtig. Aber seht, wie sie von den Gottheiten der Nachbarvölker sprechen, die anzugreifen ihnen verboten war. *Steht euch der Besitz dessen, was eurem Gott Kemosch gehört*, sagte Jephta zu den Ammonitern, *nicht von Rechts wegen zu? Wir besitzen mit gleichem Recht das Land, das unser Gott als Sieger erworben hat.*[1] Darin lag, wie mir scheinen will, eine wohl anerkannte Gleichwertigkeit der Rechte des Kemosch und des Gottes Israels. Als jedoch die Juden von den babylonischen und später von den syrischen Königen unterworfen worden waren und sich hartnäckig weigerten, einen anderen als ihren Gott anzuerkennen, wurde diese Weigerung als eine Empörung gegen den Sieger angesehen und zog ihnen die Verfolgungen zu, von denen ihre Geschichte berichtet; für sie gibt es vor dem Christentum kein anderes Beispiel.[2]

Da jede Religion einzig und allein an die Gesetze des Staates, der sie vorschrieb, gebunden war, konnte ein Volk nur dadurch bekehrt werden, daß es unterworfen wurde; es gab keine anderen Missionare als die Eroberer. Die Verpflichtung, den Kult zu wechseln, war Gesetz für die Besiegten, man mußte erst gesiegt haben, dann konnte man darüber sprechen. Nicht die Menschen kämpften für die Götter, sondern, wie bei Homer, die Götter für die Menschen. Jeder bat seinen Gott um den Sieg und bedankte sich für ihn durch neue Altäre. Ehe die Römer einen Ort eroberten, forderten sie seine Götter auf, ihn zu verlassen. Als sie den Tarentinern ihre erzürnten Götter ließen, waren sie überzeugt, diese Götter wären ihren Göttern unterworfen und ihnen zu huldigen gezwungen. Sie ließen den Besiegten ihre Götter, wie sie

[1] *Nonne ea, quae possidet Chamos, deus tuus, tibi iure debentur?* So lautet der Text der Vulgata. Pater de Carrières hat übersetzt: *Glaubt ihr nicht das Recht zu haben, das zu besitzen, was Chamos, eurem Gott, gehört?* Ich kenne nicht die Kraft des hebräischen Textes; ich sehe aber, daß in der Vulgata Jephta ausdrücklich das Recht des Gottes Chamos anerkennt und daß der französische Übersetzer diese Anerkennung durch ein *selon vous* (euch zufolge) schwächt, das nicht im Lateinischen steht.

[2] Es ist ganz klar, daß der als heiliger Krieg bezeichnete Krieg der Phokaier kein Religionskrieg war. Er sollte Kultschändungen bestrafen und nicht Ungläubige unterwerfen.

ihnen ihre Gesetze ließen. Eine Krone für den Jupiter des Kapitols war oft der einzige Tribut, den sie auferlegten.

Die Römer verbreiteten mit ihrem Reich auch ihren Kult und ihre Götter und nahmen oft selbst die Götter der Besiegten an, indem sie den einen wie den anderen das Bürgerrecht einräumten. Die Völker dieses Riesenreiches hatten schließlich und unmerklich eine Vielzahl von Göttern und Kulten, die überall ziemlich gleich waren. Auf diese Weise wurde das Heidentum in der gesamten bekannten Welt zu einer Religion.

Unter diesen Umständen gründete Jesus ein geistiges Reich auf Erden, das durch die Trennung des theologischen vom politischen System die Einheit des Staates aufhob und jene inneren Spaltungen hervorrief, die nie aufgehört haben, die christlichen Völker in Unruhe zu halten. Da diese neue Idee eines Reiches in der anderen Welt den Heiden nicht in den Kopf wollte, sahen sie die Christen immer als wirkliche Aufrührer an, die Unterordnung heuchelten und dabei nur auf den Augenblick warteten, unabhängig und Herren zu werden und die Macht, die sie in ihrer Schwäche scheinbar achteten, geschickt an sich zu reißen. Dies war die Ursache der Verfolgungen.

Was die Heiden befürchtet hatten, geschah; alles veränderte sein Aussehen, die demütigen Christen führten plötzlich eine andere Sprache, und das angebliche Reich einer anderen Welt verwandelte sich binnen kurzem unter einem sichtbaren Oberhaupt zur gewalttätigsten Despotie in dieser Welt.

Da es jedoch immer einen Fürsten und bürgerliche Gesetze gab, erzeugte diese zwiefache Macht einen ständigen Konflikt, der in den christlichen Staaten jede gute Staatsführung unmöglich machte. Man wußte nie, ob man dem weltlichen Herrn oder dem Priester zu gehorchen hatte.

Mehrere Völker, selbst in Europa oder in seiner Nachbarschaft, versuchten zwar, das alte System zu bewahren oder wiederherzustellen, jedoch ohne Erfolg; der Geist des Christentums setzte sich überall durch. Der geheiligte Kult blieb oder wurde immer wieder unabhängig vom Souverän, ohne notwendig eine Verbindung zum Staatskörper zu besitzen. Mohammed hatte vernünftige Ansichten, er hielt sein politisches System fest zusammen, und solange die Form seiner Regierung unter seinen Nachfolgern, den Kalifen, weiterbestand, war diese Regierung ganz und gar einheitlich und insoweit gut. Nachdem aber die Araber reich, gelehrt, gebildet, weichlich und feige geworden waren, wurden sie von Barbaren unterjocht, und die Trennung der beiden Gewalten begann von neuem. Obwohl bei den Mohammedanern weniger deutlich als bei den Christen, ist sie dennoch bei ihnen vorhanden, besonders in der Sekte des Ali; und es gibt Staaten wie Persien, wo sie unaufhörlich spürbar bleibt.

Unter uns erhoben sich die Könige von England zu Oberhäuptern der Kirche, und die Zaren taten dasselbe. Aber durch diesen Titel machten sie sich nicht zu Herren, sondern eher zu Dienern der Kirche. Sie erlangten weniger das Recht, sie zu ändern, als die Macht, sie zu schützen. Sie sind in ihr nicht Gesetzgeber, sondern nur Fürsten. Überall, wo die Geistlichkeit einen Körper bildet,[1] ist sie in ihrem Bereich Herr und Gesetzgeber. Es gibt folglich in England und in Rußland, wie überall sonst, zwei Gewalten und zwei Souveräne.

Unter allen christlichen Autoren ist der Philosoph Hobbes der einzige, der das Übel und das Heilmittel wohl erkannt hat; der vorzuschlagen gewagt hat, die beiden Köpfe des Adlers zu vereinen und alles auf die politische Einheit zurückzuführen, ohne die weder Staat noch Regierung jemals gut verfaßt sein werden. Er mußte aber einsehen, daß der herrschsüchtige Geist des Christentums mit seinem System unvereinbar ist und daß die Belange des Priesters immer stärker sein werden als die des Staates. Nicht so sehr das Schreckliche und Falsche in seiner Politik als vielmehr das Gute und Wahre in ihr hat sie verhaßt gemacht.[2]

[1] Man muß beachten, daß die Geistlichkeit nicht so sehr durch formelle Versammlungen, wie in Frankreich, zu einer Körperschaft vereinigt wird, als vielmehr durch die Gemeinschaft der Kirche. Die Kommunion und die Exkommunikation sind der Gesellschaftsvertrag der Geistlichkeit, ein Vertrag, durch den sie immer die Beherrscherin der Völker und der Könige sein wird. Alle Geistlichen, die miteinander kommunizieren, sind Mitbürger, selbst wenn sie an den entgegengesetzten Enden der Welt leben. Diese Erfindung ist ein Meisterstück der Politik. Unter den heidnischen Priestern gab es nichts Ähnliches; daher bildeten sie nie eine geistliche Körperschaft.

[2] Siehe unter anderem in einem Brief von Grotius an seinen Bruder vom 11. April 1643, was dieser Gelehrte an dem Werk *De cive* billigt und was er tadelt. Zur Nachsicht geneigt, scheint er allerdings dem Autor das Gute um des Bösen willen zu verzeihen; aber so gnädig ist nicht jedermann.

Entwickelt man von diesem Gesichtspunkt aus die historischen Tatsachen, könnte man leicht, wie ich glaube, die entgegengesetzten Ansichten von Bayle und Warburton widerlegen. Bayle behauptet, keine Religion sei dem politischen Körper nützlich, Warburton hält dagegen das Christentum für seine stärkste Stütze. Gegen Bayle könnte man beweisen, daß noch nie ein Staat gegründet wurde, dem die Religion nicht als Grundlage diente, und gegen Warburton, daß das christliche Gesetz einer starken Staatsverfassung im Grunde eher schädlich als nützlich ist. Um mich vollends verständlich zu machen, muß ich nur die zu vagen Begriffe über Religion, soweit sie mein Thema berühren, verdeutlichen.

In bezug auf die Gesellschaft – die entweder allgemein menschlich oder eine besondere ist – kann die Religion in zwei Arten unterteilt werden: die Religion des Menschen und die des Bürgers. Die erste, ohne Tempel, ohne Altäre und ohne Riten, beschränkt auf den rein innerlichen Kult des Höchsten Gottes und die ewigen Pflichten der Moral, ist schlicht und einfach die Religion des Evangeliums, der wahre Theismus, das, was man das natürliche göttliche Recht nennen kann. Die andere, auf ein einziges Land beschränkt, gibt diesem seine besonderen Götter und Schutzpatrone; sie hat ihre Dogmen, ihre Riten, ihren von Gesetzen vorgeschriebenen äußeren Kult. Außerhalb der Nation, die sich zu ihr bekennt, gilt ihr alles andere als ungläubig, fremd und barbarisch; die Pflichten und Rechte des Menschen reichen für sie nur so weit wie ihre Altäre. So waren alle Religionen der frühen Völker, die man bürgerliches oder positives göttliches Recht nennen kann.

Es gibt noch eine dritte, seltsamere Art von Religion. Indem sie den Menschen zwei Gesetzgebungen, zwei Oberhäupter und zwei Vaterländer beschert, unterwirft sie sie widersprechenden Pflichten und hindert sie, gleichzeitig fromm und gute Bürger zu sein. Derart ist die Religion der Lamas, der Japaner und des Katholizismus. Man kann sie Priesterreligion nennen. Aus ihr geht eine Art gemischtes, gesellschaftsfremdes Recht hervor, das keinen Namen hat.

Politisch betrachtet, haben alle drei Religionsarten ihre Mängel. Die dritte ist so offenbar schlecht, daß jeder Beweis Zeitverschwendung wäre. Alles, was die gesellschaftliche Einheit zerreißt, taugt nichts; alle Einrichtungen, die den Menschen mit sich selber in Widerspruch bringen, sind untauglich.

Die zweite ist insofern gut, als sie den Gotteskult mit der Liebe zu den Gesetzen vereint. Sie macht das Vaterland zum Gegenstand der Verehrung der Bürger und lehrt sie damit, daß dem Staat dienen zugleich dem Schutzgott dienen heißt. Es ist eine Art Theokratie, in der man keinen anderen Hohenpriester als den Fürsten und keine anderen Priester als die Beamten haben darf. Für das Vaterland sterben heißt ein Martyrium erdulden, Gesetze übertreten heißt gottlos sein, und einen Schuldigen öffentlich Schimpf aussetzen heißt ihn dem Zorn der Götter überantworten. *Sacer estod!*

Aber sie ist insofern schlecht, als sie auf Irrtum und Lüge gründet und die Menschen irreleitet, sie leichtgläubig und abergläubisch macht und die wahre Gottesverehrung in leerem Zeremoniell ertränkt. Schlecht ist sie ferner, wenn sie exklusiv und tyrannisch wird und das Volk blutgierig und intolerant macht; es dürstet dann nur noch nach Mord und Totschlag und glaubt ein heiliges Werk zu tun, wenn es alle ausrottet, die nicht an seine Götter glauben. Das versetzt ein solches Volk in einen natürlichen Kriegszustand mit allen anderen, der für seine eigene Sicherheit sehr schädlich ist.

Bleibt die Religion des Menschen oder das Christentum, nicht das heutige, sondern das des Evangeliums, das davon völlig verschieden ist. Durch diese heilige, erhabene, wahre Religion erkennen sich die Menschen, Kinder ein und desselben Gottes, als Brüder an, und das Gesellschaftsband, das sie vereint, wird nicht einmal vom Tod gelöst.

Da diese Religion jedoch in keiner besonderen Beziehung zu dem politischen Körper steht, läßt sie den Gesetzen lediglich die Kraft, die sie aus sich selbst ziehen, ohne ihnen eine andere zu verleihen, und so bleibt eines der wichtigsten Bande der besonderen Gesellschaftsform ohne Wirkung. Mehr noch: statt die Herzen der Bürger an den Staat zu fesseln, löst sie sie vielmehr von ihm ab, wie von allen anderen irdischen Dingen. Ich kenne nichts, was dem gesellschaftlichen Geist mehr widerspricht.

Man sagt uns, ein Volk wahrer Christen würde die vollkommenste Gesellschaft bilden, die denkbar ist. Bei dieser Annahme sehe ich nur eine große Schwierigkeit: eine Gesellschaft wahrer Christen wäre keine Gesellschaft von Menschen mehr.

Ich behaupte sogar, diese angenommene Gesellschaft wäre in all ihrer Vollendung weder die stärkste noch die dauerhafteste: wegen ihrer Vollkommenheit würde ihr der Zusammenhalt fehlen; ihre Vollkommenheit selbst wäre der sie zerstörende Mangel.

Jeder würde seine Pflicht erfüllen; das Volk würde den Gesetzen gehorchen, die Oberen wären gerecht und maßvoll, die Beamten integer und unbestechlich; die Soldaten verachteten den Tod; es gäbe weder Eitelkeit noch Luxus. Das ist alles höchst vortrefflich, aber sehen wir weiter.

Das Christentum ist eine rein geistige Religion, die sich einzig und allein mit den Dingen des Himmels beschäftigt: das Vaterland des Christen ist nicht von dieser Welt. Er erfüllt zwar seine Pflicht, aber mit tiefer Gleichgültigkeit hinsichtlich des Erfolgs oder Mißerfolgs seiner Bestrebungen. Hat er sich keinen Vorwurf zu machen, kümmert es ihn wenig, ob hienieden alles gut oder übel steht. Ist der Staat in Blüte, wagt er kaum, den allgemeinen Wohlstand zu genießen; er fürchtet, der Ruhm seines Landes könnte ihn hochmütig werden lassen. Geht der Staat zugrunde, segnet er die Hand Gottes, die schwer auf seinem Volk lastet.

Damit die Gesellschaft in Frieden und Eintracht leben kann, müßten alle Bürger ohne Ausnahme gute Christen sein. Fände sich indessen unglücklicherweise unter ihnen ein einziger Ehrgeiziger, ein einziger Heuchler, zum Beispiel ein Catilina oder ein Cromwell, so hätte dieser leichtes Spiel mit seinen frommen Landsleuten. Die christliche Nächstenliebe macht es nicht leicht, Böses von seinem Nächsten zu denken. Hat er durch eine List die Kunst entdeckt, sie hinters Licht zu führen und einen Teil der Staatsgewalt an sich zu reißen, so erlangt er auch Würde; Gott will, daß man ihn achte; schnell wird er eine Macht; Gott will, daß man ihm gehorcht. Mißbraucht der Träger diese Macht? Dann ist er die Geißel, mit der Gott seine Kinder züchtigt. Man würde sein Gewissen belasten, wollte man den Usurpator verjagen; man müßte die öffentliche Ruhe stören, Gewalt anwenden und Blut vergießen. All das ist mit der Sanftmut der Christen schwer vereinbar. Und schließlich, was liegt daran, ob man in diesem Jammertal frei oder Sklave ist? Die Hauptsache ist, ins Himmelreich zu kommen, und die Entsagung ist dazu nur ein Mittel mehr.

Bricht ein äußerer Krieg aus? Die Bürger ziehen guten Willens in den Kampf; keiner denkt an Flucht; sie tun ihre Pflicht, aber ohne Leidenschaft für den Sieg; sie verstehen es besser, zu sterben als zu siegen. Sieger oder Besiegte, was macht das aus? Weiß die Vorsehung nicht besser als sie, was sie brauchen? Man stelle sich vor, welchen Vorteil ein stolzer, ungestümer und leidenschaftlicher Feind aus ihrem Stoizismus ziehen kann! Stellt ihnen jene hochherzigen Völker gegenüber, die heiße Ruhm- und Vaterlandsliebe verzehrten, denkt euch eure christliche Republik Sparta oder Rom gegenübergestellt. Die frommen Christen wären geschlagen, überrannt und vernichtet, ehe sie Zeit hätten, sich zu besinnen; oder sie verdankten ihre Rettung nur der Verachtung, die der Feind für sie empfindet. Die Soldaten des Fabius legten einen schönen Eid in meinem Sinne ab: Sie schworen nicht, zu sterben oder zu siegen, sie schworen, als Sieger heimzukehren, und sie hielten ihren Schwur. Nie hätten Christen solchen Eid abgelegt; sie hätten befürchtet, Gott zu versuchen.

Aber ich irre mich, wenn ich von einer christlichen Republik rede; diese beiden Wörter schließen einander aus. Das Christentum predigt nur Knechtschaft und Abhängigkeit. Sein Geist ist der Tyrannei allzu günstig, als daß sie nicht immer ihren Vorteil daraus zöge. Die wahren Christen sind dazu geschaffen, Sklaven zu sein; sie wissen es und tragen es gelassen; dieses kurze Leben hat einen zu geringen Wert in ihren Augen.

Christliche Truppen sollen vortrefflich sein, sagt man. Ich bestreite es. Man zeige mir solche! Ich kenne überhaupt keine christlichen Truppen. Man wird mir die Kreuzzüge nennen. Ohne über die Tapferkeit der Kreuzfahrer streiten zu wollen, möchte ich nur bemerken, daß sie bei weitem keine Christen, sondern priesterliche Soldaten, Bürger der Kirche waren. Sie schlugen sich für das geistige Reich der Kirche, das sie, man weiß nicht wie, in ein weltliches umgewandelt hatten. Genaugenommen war es Heidentum. Da das Evangelium keine nationale Religion stiftet, ist jeder heilige Krieg unter Christen unmöglich.

Unter den heidnischen Kaisern waren die christlichen Soldaten tapfer. Alle christlichen Autoren versichern es, und ich glaube es: Es war ein Wettstreit der Ehre gegen die heidnischen Truppen. Sobald die Kaiser Christen geworden waren, hörte dieser Wettstreit auf, und als das Kreuz den Adler verjagt hatte, war es mit der ganzen römischen Tapferkeit zu Ende.

Aber lassen wir die politischen Betrachtungen und kommen wir auf das Recht zurück, um die Prinzipien in einem so wichtigen Punkt festzuhalten. Das Recht, das der Gesellschaftsvertrag dem Souverän über die Untertanen gibt, erstreckt sich, wie gesagt, nicht über die Grenzen des öffentlichen Wohls hinaus.[1] Die Untertanen sind dem Souverän mithin nur insoweit Rechenschaft über ihre Ansichten schuldig, als sich diese Ansichten auf die Gemeinschaft beziehen. Für den Staat ist es allerdings wichtig, daß jeder Bürger eine Religion habe, die ihn seine Pflichten lieben läßt. Die Dogmen dieser Religion gehen dagegen den Staat und seine Mitglieder nur insofern etwas an, als sie die Moral und die Pflichten betreffen, die der Gläubige anderen gegenüber zu erfüllen hat. Darüber hinaus kann jeder glauben, was er will, ohne daß dem Souverän zusteht, es zu wissen: Da er in der anderen Welt nicht zuständig ist, hat das Los seiner Untertanen im künftigen Leben ihn nicht zu kümmern, wenn sie nur in diesem gute Bürger sind.

Es gibt also ein rein bürgerliches Glaubensbekenntnis; und es steht dem Souverän zu, seine Artikel festzulegen, jedoch nicht als religiöse Dogmen, sondern als Gefühle gesellschaftlichen Zusammenlebens, ohne die man weder guter Staatsbürger noch treuer Untertan sein kann.[2] Ohne jemand zwingen zu können, an sie zu

[1] *In der Republik,* sagt der Marquis d'Argenson, *ist jeder vollkommen frei, soweit er den anderen nicht schadet.* Das ist die unverrückbare Grenze; man kann sie nicht genauer ziehen. Ich konnte mir nicht das Vergnügen versagen, manchmal aus diesem Manuskript zu zitieren, obwohl es dem Publikum unbekannt ist, um das Andenken eines berühmten und geachteten Mannes zu ehren, der auch als Minister das Herz eines wahren Bürgers und richtige und gesunde Ansichten über die Regierung seines Landes bewahrt hatte.

[2] Als Cäsar bei der Verteidigung des Catilina den Satz von der Sterblichkeit der Seele zu begründen suchte, verloren Cato und Cicero zu seiner Widerlegung keine Zeit mit philosophischen Erörterungen: sie begnügten sich nachzuweisen, daß Cäsar als schlechter Bürger spräche und eine dem Staate verderbliche Lehre aufstellte. In der Tat hatte der römische Senat darüber und nicht über eine theologische Streitfrage zu entscheiden.

glauben, darf der Souverän jeden, der nicht an sie glaubt, aus dem Staat verbannen; nicht als Ungläubigen, sondern als jemanden, der nicht bereit ist, in Gesellschaft zu leben, unfähig, die Gesetze und die Gerechtigkeit aufrichtig zu lieben und notfalls sein Leben seiner Pflicht zu opfern. Wer diese Glaubensartikel öffentlich anerkannt hat und sich dennoch verhält, als glaube er nicht an sie, soll mit dem Tod bestraft werden. Er hat das größte aller Verbrechen begangen, er hat vor dem Gesetz einen Meineid geleistet.

Die Dogmen der Bürgerreligion *[religion civile]* müssen einfach sein, gering an Zahl, klar im Ausdruck, ohne Auslegungen und Erklärungen. Die Existenz einer mächtigen, vernünftigen, wohltätigen, vorausschauenden und voraussorgenden Gottheit, das künftige Leben, die Belohnung der Gerechten, die Bestrafung der Bösen, die Heiligkeit des Gesellschaftsvertrages und der Gesetze, das sind ihre positiven Glaubenssätze. Die negativen Glaubenssätze beschränke ich auf einen einzigen: die Intoleranz. Sie gehört den Kulten an, die wir ausgeschlossen haben.

Wer zwischen staatsbürgerlicher und theologischer Intoleranz unterscheidet, irrt meiner Ansicht nach. Beide sind untrennbar. Es ist unmöglich, mit Leuten, die man für verdammt hält, im Frieden zu leben; sie lieben hieße Gott hassen, der sie bestraft. Man muß sie bekehren oder peinigen. Überall, wo theologische Intoleranz herrscht, muß sie notwendigerweise die bürgerlichen Verhältnisse[1] beeinflussen; und sobald sie das tut, ist der Souverän nicht mehr Souverän, nicht einmal in weltlichen Dingen: die Priester sind dann die wahren Herren, die Könige nur noch ihre Diener.

Da es heute keine ausschließende Nationalreligion mehr gibt

[1] Die Ehe zum Beispiel ist ein bürgerlicher Vertrag mit bürgerlichen Folgen, ohne die die Gesellschaft nicht bestehen könnte. Nehmen wir an, dem Klerus gelänge es, das alleinige Recht zur Eheschließung an sich zu reißen, wie er es in jeder intoleranten Religion notwendigerweise tut. Liegt es nicht auf der Hand, daß er durch Geltendmachen der kirchlichen Autorität die des Fürsten aufheben wird und diesem nur so viele Untertanen bleiben werden, als die Priesterschaft ihm zu überlassen geruht? Allein befugt, die Leute zu verheiraten oder nicht zu verheiraten, je nachdem, ob sie sich zu diesem oder jenem Glauben bekennen, ob sie dieses oder jenes Zeremoniell anerkennen oder zurückweisen, ob sie mehr oder weniger ergeben sind, wird die Geistlichkeit, wenn sie nur klug und beharrlich

noch geben kann, muß man alle Religionen dulden, die die anderen dulden, solange ihre Dogmen den Bürgerpflichten nicht widersprechen. Wer aber zu sagen wagt: *Außerhalb der Kirche gibt es kein Heil*, soll aus dem Staat verjagt werden, außer der Staat sei die Kirche und der Herrscher der Papst. Ein solches Dogma taugt nur in einer theokratischen Regierung, in jeder anderen ist es verderblich. Der Grund, aus dem Heinrich IV. zum Katholizismus übergetreten sein soll, müßte jeden anständigen Menschen und besonders jeden Fürsten, der bei Verstand ist, veranlassen, den Katholizismus aufzugeben.

IX. KAPITEL
Schluss

Nachdem ich die wahren Prinzipien des Staatsrechts aufgestellt und mich bemüht habe, den Staat auf seiner Grundlage aufzurichten, bliebe noch übrig, ihn durch seine äußeren Beziehungen zu stützen. Das würde das Völkerrecht umfassen, den Handel, das Kriegsrecht und die Eroberungen, das öffentliche Recht, Koalitionen, Unterhandlungen, Verträge usw. Das alles bildet jedoch einen neuen Gegenstand, der für meinen engen Blick viel zu weit ist; ich hätte ihn noch stärker auf meine nähere Umgebung richten sollen.

verfährt, allein über Erbschaften, Ämter, Bürger, ja über den Staat selbst verfügen, der nicht fortbestehen könnte, weil er nur noch uneheliche Kinder hat. Aber, wird man einwenden, man wird doch gegen solchen Mißbrauch Einspruch erheben, man wird vertagen, beschließen, sich an weltliche Gerichte wenden. Wie einfältig! Wenn die Geistlichkeit nur ein wenig, ich sage nicht Mut, sondern gesunden Menschenverstand hat, wird sie alles seinen Gang gehen lassen; sie läßt in aller Ruhe Einspruch erheben, vertagen, beschließen, berufen und ist am Ende doch der Herr. Es ist, will mir scheinen, kein großes Opfer, auf einen Teil zu verzichten, wenn man sicher ist, sich des Ganzen zu bemächtigen.

Horst Dreier
ad Hans Kelsen
Rechtspositivist und Demokrat
143 Seiten | Klappenbroschur
ISBN 978-3-86393-114-8
Auch als E-Book erhältlich

Alexander v. Brünneck,
Horst Dreier & Michael Wildt
ad Ernst Fraenkel
Der Doppelstaat
112 Seiten | Klappenbroschur
ISBN 978-3-86393-113-1
Auch als E-Book erhältlich

Alfons Söllner
ad Hannah Arendt
Elemente und Ursprünge
totaler Herrschaft
136 Seiten | Klappenbroschur
ISBN 978-3-86393-117-9
Auch als E-Book erhältlich

www.europaeischeverlagsanstalt.de